CAIRO

Seu Guia Passo a Passo

Bem-vindo ao melhor do Cairo!
Este é o único guia que também é mapa, para você aproveitar o Cairo ao máximo, passo a passo. Na próxima página, você encontra um mapa geral que permite visualizar as seis grandes áreas em destaque, onde se concentram as mais importantes atrações turísticas.

Uma maneira surpreendente de conhecer a cidade
Em cada área (**A**, **B**, **C**, **D**, **E** e **F**), identificada pela cor do mapa, você encontra uma seleção dos melhores restaurantes, cafés, bares, lojas e locais de entretenimento com endereço, horário e faixa de preço. Ao desdobrar a página, uma surpresa: explore a área utilizando o mapa que mostra e descreve as principais atrações, indicadas com uma estrela (★). No mapa estão indicados por (■) os endereços selecionados (■ **A1**, ■ **A2** etc. para o bairro **A**; ■ **B1**, ■ **B2** etc. para o bairro **B** e assim por diante).

Transporte e hospedagem
No final do guia, você encontra o mapa detalhado das linhas de transporte da cidade e uma seleção de acomodações classificadas por preço. No mapa estão indicados por (■) os hotéis selecionados (■ **H1**, ■ **H2**).

Direto ao ponto
Um índice temático lista todos os serviços e atrações deste guia, apresentados por categoria e em ordem alfabética.

Seu guia em outras cidades
Conheça também, desta mesma série: Amsterdã, Atenas, Bancoc, Berlim, Boston, Buenos Aires, Budapeste, Chicago, Copenhague, Dublin, Havaí, Hong Kong, Istambul, Las Vegas, Lisboa, Londres, Madri, Miami, Montreal, Moscou, Nova York, Oslo, Paris, Pequim, Praga, Rio de Janeiro, Roma, Tóquio, Viena, Vinhedos e Vinhos da França e Washington.

VISTA DO CAIRO ISLÂMICO A PARTIR DA MESQUITA IBN TULUN

Festas muçulmanas locais
Moulid al-Hussein
→ *2 dias do 4º mês*
Nos arredores da Mesquita al-Hussein (**B** C4).
Moulid Sayyeda Zeinab
→ *15 dias do 7º mês*
Maior evento religioso, na Mesquita Sayyeda Zeinab (**C** B2).
Festas coptas locais
Moulid Mar Girgis
→ *23 abr*
Igreja de São Jorge (**D** A4).
Festa da Sagrada Família
→ *1º jun*
Igreja de São Sérgio (**D** A4).
Festivais
Festival de Dança Moderna
→ *Fim jun-início jul*
www.cairoopera.org
Ópera do Cairo (**E** D4).
Festival Ahlan Wa Sahlan
→ *Jun www.raqiahassan.net*
Dança oriental, no hotel Mena House Oberoi (**F** A3).
Festival de Música Árabe
→ *10 dias início nov*
Ópera do Cairo.
Festival Internacional do Filme
→ *10 dias em nov/dez*
www.cairofilmfest.org
Ópera do Cairo.

DINHEIRO

Câmbio
Escritórios no aeroporto, perto dos hotéis, no centro da cidade e nos bancos. Todos praticam mais ou menos as mesmas taxas.
Cartões eletrônicos
São aceitos na maioria dos restaurantes e hotéis de alto padrão. Caixas eletrônicos junto aos bancos.
Bakchich
Prática comum no dia a dia dos egípcios. Trata-se tradicionalmente de retribuir um serviço (no seu devido preço). Exemplos: 1LE para guardar os sapatos na mesquita ou para o bagageiro, 2LE a 3LE para a pessoa que abre as portas de um minarete. Leve algum trocado (entre 1LE e 5LE), avalie o serviço e não se esqueça de sorrir.

ORÇAMENTO

Hospedagem
Quarto de casal com banheiro e A/C: 200-350LE
Para comer
Um prato de *mezze*: 5-12LE
Uma refeição em restaurante barato: 35-50LE
Um lugar chique: 100- 200LE
Vida noturna
Um café turco: 2-7LE
Uma *shisha* (narguilé): 1LE-8LE
Uma cerveja: 9-20LE
Visitar
Museus ou lugares históricos: 25-100LE

DATAS-CHAVE

Era Faraônica
2700-2200 a.C. Mênfis, capital do Antigo Império. **Saqqara (F A3), Pirâmides de Gizé (F A3), Dahchour (F A4).**
Da Babilônia egípcia a Al-Qahira
Séc. 1º a.C. Babilônia, romana e copta.
Torres romanas (D A4)
640 Al-Fostat, começo da islamização.
Mesquita Amr Ibn al-Aas (D E4)
868 Al-Qatai: dinastias tulúnida e abássida.
Mesquita Ibn Tulun (C C3)
969 Al-Qahira, capital dos fatímidas. **Mesquita al-Azhar (B C4)**
Cairo medieval
1171-1250 Dinastia aiúbida, Saladino.
Cidadela (C E3)
1250-1517 Sultões mamelucos. **Madraçal do Sultão Hassan (C D2)**
1517 Início do Império Otomano.
Cairo "europeu"
1798 Napoleão e a Campanha do Egito, início da egiptologia.
1863-1879 O quediva (título do vice-rei) Ismail Paxá sonha com uma Paris na beira do Nilo, na **praça al-Tahrir (A B4).**
1882-1936 Domínio inglês. **Garden City (A A6), Zamalek (E C1).**
Cairo moderno
1952 Nasser, o fogo da revolução queima os símbolos colonialistas.
1960 Êxodo rural maciço, criação de novos bairros. **Mohandessin (E A2), Maadi (F B3), Cidades dos Mortos norte (B D5) e sul (C E4)**
1987 1ª linha de metrô.

PERFIL DA CIDADE

- capital do Egito
- 20 milhões de hab.
- 1.492 km^2 (metrópole)
- rio: Nilo (4.600 km)
- fuso horário: 5h à frente do horário de Brasília
- clima: verão seco e quente (22 °C/35 °C), inverno fresco e pouco chuvoso (9 °C/21 °C).
- Melhor época: out-abr
- moeda: libra egípcia (LE), dividida em 100 piastras (pt) 1€ = 8LE
- língua oficial: árabe
- religião: 90% muçulmanos, 9% coptas (cristãos ortodoxos do Egito)
- eletricidade: 220V/ 50Hz

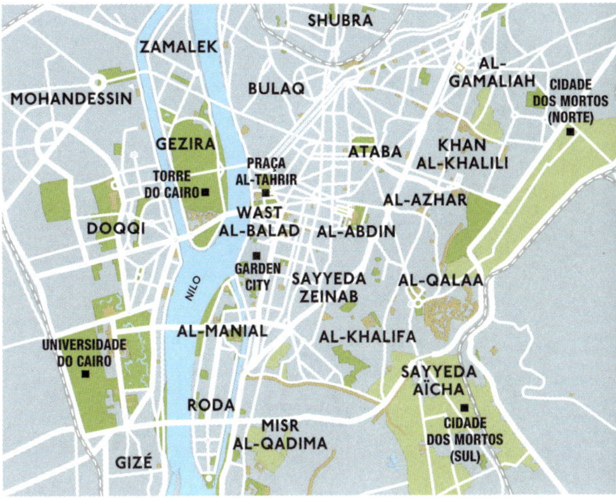

BAIRROS E ATRAÇÕES

FORMALIDADES

O visto é obrigatório.
Consulado-geral do Egito no Brasil → *21 2554 6318*
Embaixada do Brasil no Cairo → *20 2 2577 3013*

INTERNET

Sites
→ *www.egypt.travel*
Escritório de turismo oficial.
→ *http://hebdo.ahram.org.eg*
Notícias (em francês).
→ *www.yallabina.com*
Sobre cultura (em inglês).
Cibercafés
Nour Internet Cafe (**A** B4)
→ *6 midan T. Harb Diariam 9h-24h*
Sigma Net (**E** C1)
→ *1 sharia Gezira al-Wosta Diariam 24h*

INFORMAÇÕES TURÍSTICAS

Escritório de turismo (**A** C3)
→ *5 sharia Adly Tel 2391 3454 Diariam 8h30-19h*
Mapa gratuito, folhetos informativos...
Escritórios de informação
→ *Aeroporto Internacional do Cairo (terminais 1 e 2) Diariam 24h*
→ *Estação Ramsés* (**A** D1) *Tel 2579 0767 Diariam 9h-19h*
→ *Pirâmides de Gizé, perto do hotel Mena House Oberoi* (**F** A3) *Tel 3383 8823 Diariam 8h30-17h*

TELEFONE

Código de área
Brasil-Cairo
→ *00 + código da operadora + 20 (código do Egito) + 2 (código do Cairo) + número do telefone*
Cairo-Brasil
→ *00 + 55 (código do Brasil) + código da cidade sem o zero + número do telefone*

Números úteis
Polícia / Polícia Turística
→ *Tel 122 / 126*
Bombeiros / Ambulância
→ *Tel 180 / 123*
Informações
→ *Tel 140 / 141*
Operadora internacional
→ *Tel 120*
Telefones públicos
Muito comuns. Cartão com chip à venda nas bancas, mercearias etc.
Celular
Verifique com sua operadora antes de viajar, caso pretenda utilizá-lo lá.

CALENDÁRIO

Feriados (não se trabalha)
→ *1º jan, 7 jan (Natal copta), 1ª seg após a Páscoa copta (Sham al-Nassim), 25 abr (Libertação do Sinai), 1º mai, 18 jun (Retirada Britânica), 23 jul (Revolução de 1952), 15 ago (Wafaa al-Nil), 6 out (início da Guerra de Outubro), 24 out (Vitória de Suez), 23 dez (Dia da Vitória)*
Festas muçulmanas
Não se trabalha. Seguem o calendário islâmico.
→ *1º dia do 1º mês (Ano-Novo islâmico); 12º dia do 2º mês (aniversário do nascimento do Profeta); 3 primeiros dias do 10º mês (fim do ramadã); 10º dia do 11º mês (Festa do Sacrifício)*
Ramadã
Durante todo o 9º mês.
→ *11 ago-10 set 2010, 1º-30 ago 2011, 20 jul-19 ago 2012*
Festas coptas
Só para a comunidade copta. Idênticas às festas católicas romanas, mas segundo o calendário ortodoxo.
→ *19 jan (Epifania), 21 mar (Anunciação), um dom de mar/abr (Páscoa copta), 11 ou 12 set (Ano-Novo copta)*

Bem-vindo ao Cairo!

A Centro (Wast al-Balad)

B Khan al-Khalili / Al-Azhar

C Cidadela (Al-Qalaa) / Sayyeda Zeinab

D Velha Cairo (Misr al-Qadima) / Roda / Gizé

E Gezira / Zamalek / Doqqi / Mohandessin

F Grande Cairo / Heliópolis / Pirâmides

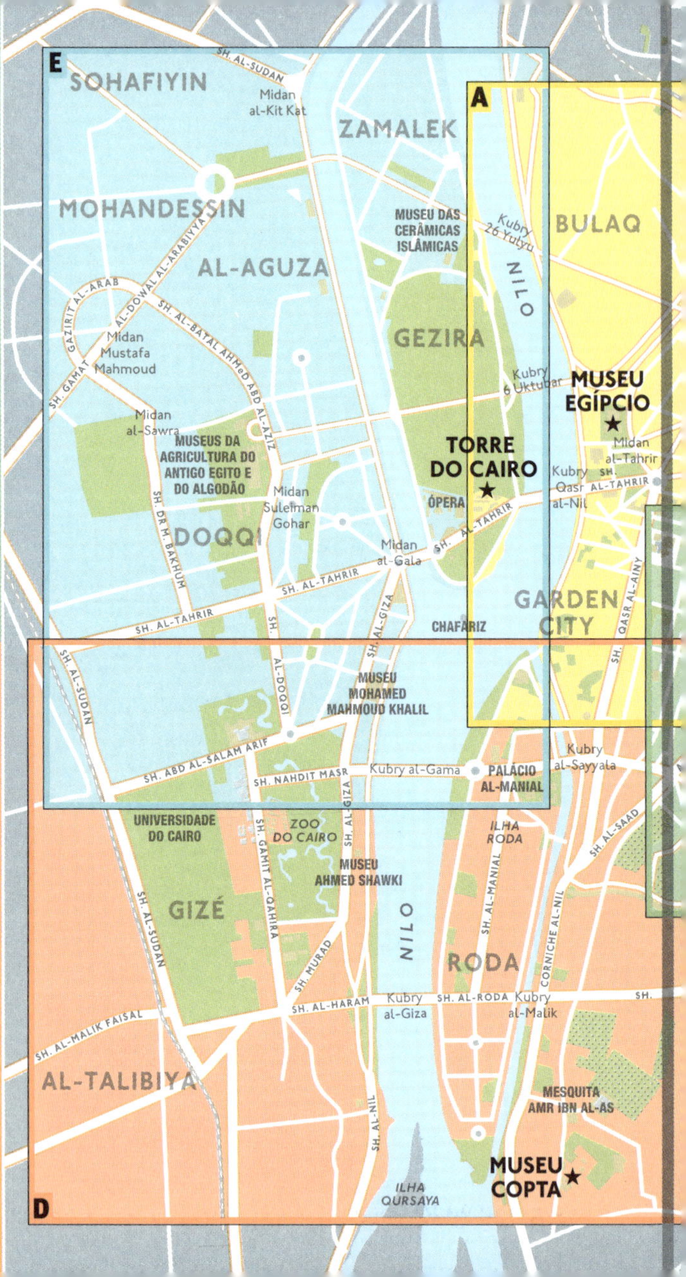

SHUBRA
ESTAÇÃO RAMSÉS
Midan Ramsis
Midan Orabi
Midan Ataba
Midan Talaat Harb
AL-MUSKY
PALÁCIO ABDIN
AL-EZBEKIYA
B
SH. AL-KHALIQ AL-MASRY
PORTA AL-FUTUH
SH. BUR SAID
SH. AL-AZHAR
KHAN AL-KHALILI
Midan al-Hussein
MUSEU DE ARTE ISLÂMICA
MESQUITA AL-AZHAR
Midan Bab al-Khalq
DARB AL-AHMAR
PARQUE AL-AZHAR
SH. SALAH SALIM
CIDADE DOS MORTOS (NORTE)
AL-ABDIN
BEIT AL-SENNARI
MADRAÇAL DO SULTÃO HASSAN
AL-QALAA
Midan Salah al-Din
CIDADELA
AL-BARRANY
MESQUITA IBN TULUN
IBN TULUN
Midan Sayyeda Aisha
CIDADE DOS MORTOS (SUL)
C
SALAH SALIM
0
0,5
1 km
1/39 000 - 1 cm = 390 m
F
01
04
03
100
23
22
Heliópolis
Cairo
PIRÂMIDES DE GIZÉ
SAQQARAH
10 km

Paixões dos cairotas

O *ahwa* e a shisha
Pilar da vida social, o café (*ahwa*) é onde os homens se encontram para jogar, conversar e fumar narguilé (*shisha*).
O passeio da noite
Ao anoitecer, os cairotas admiram as luzes da cidade a partir das pontes ou dos mirantes.
O futebol
Dois times da cidade dividem a preferência.
Estádio do Cairo (**F** D4)
→ *Nasr City*
Bilheteria ainda no Estádio Al-Ahly (**E** D4) e no Clube Esportivo (**E** A2).

PASSEIOS

Passeios

Al-Qanatir e o delta do Nilo
→ *20 km ao norte do Cairo; acesso por barco-táxi pelo norte do embarcadouro Maspero* (**A** A3); *ônibus nº 951 ou nº 210 na Estação Abdel Moneim Riad* (**A** B3)
Escolha um passeio náutico entre o centro do Cairo e a Barragem Al-Qanatir, magnífica obra de arte vitoriana. Mais longe se estendem o delta e a verdejante região fértil mais cultivada do mundo. Evite a sexta-feira, é agitada.
Birqash / Souk al-Gamaal
→ *40 km a noroeste do Cairo; acesso de miniônibus a partir de Imbaba* (fora do mapa **A** C2) *ou táxi*
O último grande mercado de dromedários do Egito.
Wadi Natroun
→ *100 km a noroeste do Cairo; acesso de táxi (cerca de 1h30) ou ônibus West Delta Co (a cada 30 min 6h-18h) a partir da Turgoman Garage* (**A** C2)
Lugar importante para a religião copta, o Vale dos Mosteiros: afrescos e ícones desde o séc. 6º na solidão do deserto.
Al-Fayoum
→ *100 km a sudoeste do Cairo; acesso de táxi (cerca de 1h30) ou miniônibus (a cada 30 min 6h-19h) a partir da Estação Al-Moneib* (**D** C3)
No meio do deserto, canais, lagos, verdejantes pomares, vestígios greco-romanos e até um cemitério de baleias.

randes hotéis, aos estabelecimentos turísticos ou alguns lugares de Wast l-Balad (**A**), Zamalek (**E**), leliópolis ou Maadi (**F**).
spetáculos
rogramas
m inglês: suplemento da evista semanal *Al-Ahram* nas bancas) ou a mensal ratuita *The Croc* (distribuída nos cafés, hotéis etc.).
om e luz nas Pirâmides le Gizé (**F** A3)
→ *Diariam a partir das oh30 (18h30 inverno)*
el 3385 7320
ww.soundandlight.com.eg
Esfinge em pessoa conta história do Egito dos araós e das Pirâmides! Em ito idiomas: show de ora em hora (informe-se).

ompras

ojas de estilo cidental
)e alto padrão no Centro, ua Talaat Harb (**A** B4-C3), em Zamalek, rua 26-Yulyu (**E** C-D2) em Mohandessin, rua Gazirit al-Arab (**E** A2-3).
Souks
Mercados animados à noite ou sex de manhã. Ande entre os cairotas para esmiuçar ou regatear: além do Khan al-Khalili (**B** C4), vá até a rua al-Muski (**B** A3-B4) ou ao *souk* Bab-al-Louq (**A** C4).
Artesanato
Agrupados por corporação (marroquineiros, costureiros, funileiros...), muitos ateliês permanecem nas ruelas do Cairo islâmico, sobretudo atrás da Mesquita Al-Azhar (**B** C4).

Cairo diferente

De faluca
Embarque em um veleiro tradicional para um piquenique no Nilo. Preço por hora (cerca de 50LE) a negociar por barco, independentemente do número de passageiros.
Dok Dok (**A** A6)
→ *Corniche al-Nil (em frente ao hotel Four Seasons)*

Pequeno léxico

Bom dia (manhã): *sabah al-kheir* (resposta: *sabah al-nour*); boa tarde: *masa al-kheir* (resposta: *masa al-nour*); bom dia (formal): *as-salam aleikoum* (resposta: *aleikoum as-salam*); obrigado: *shoukran* (de nada: *afwan*); até logo: *maassalama*
Números
Leem-se da esq para a dir.
0 : *sfir* ٠
1 : *wahid* ١
2 : *etnin* ٢
3 : *talata* ٣
4 : *arbaa* ٤
5 : *khamsa* ٥
6 : *setta* ٦
7 : *sabaa* ٧
8 : *tamanya* ٨
9 : *tesaa* ٩

A PIRÂMIDE DE QUÉOPS

ATELIÊ DO CAIRO ISLÂMICO

EM UMA DOCERIA CAIROTA

Glossário arquitetônico

Beit: casa
Deir: convento, mosteiro
Iwan: sala abobadada que abre para um pátio
Khanqa: mosteiro sufi
Masgid: mesquita
Madraçal: escola corânica
Mihrab: nicho que indica a direção de Meca
Minbar: púlpito do imã
Moucharabieh: treliça de madeira esculpida que fecha uma janela
Qaa: cômodo central de uma casa
Sabil-kouttab: chafariz (no térreo) e escola corânica (no 1º andar)
Wakala ou *khan*: caravançará

Orientação

A transliteração do árabe para o alfabeto latino é aleatória: a ortografia varia a cada rua. Os números às vezes aparecem em árabe. Se a orientação é fácil nos bairros modernos, as ruelas medievais são indecifráveis, e há uma profusão de mesquitas.

Léxico
Sharia: rua; *kubry*: ponte; *sikket*: caminho; *haret*: alameda; *midan*: praça.

Horários

Atenção: horários reduzidos ou até fechamento durante o ramadã. A sexta-feira, dia de prece, é mais calma de manhã.

Refeições
Café da manhã (*futur*): 10h
Almoço: 14h-15h
Jantar: 22h

Restaurantes
→ *Em geral, diariam 12h-24h*

Bancos
→ *Em geral, dom-qui 8h-14h, 15h-18h; 24h nos principais hotéis*

Lojas
→ *Em geral, sáb-qui 10h-21h ou diariam com fechamento parcial sex (12h-15h); lojas coptas fechadas dom.*

Museus
→ *Em geral, diariam 9h-16h (sex 9h-11h30, 14h-16h)*

Sítios arqueológicos
→ *Diariam 8h-16h (17h verão)*

Mesquitas e igrejas
→ *Em geral, visita diariam 8h-17h exceto durante as rezas ou os ofícios*

Para comer

Glossário de comida
Babaganuche: pasta de berinjela com alho
Chich tauk: kebab de frango marinado com temperos
Fatir: grande panqueca recheada (salgada ou doce)
Fattah: pão coberto com carne refogada e arroz
Foul: favas cozidas com limão e alho
Kebab: pedaços de carne (cordeiro) grelhada
Kofta: espetinho de carne moída (cafta) apimentada
Koshari: mistura de arroz marrom, macarrão, lentilha e grão-de-bico
Molokhiya: sopa de folhas de cânhamo
Shawarma: sanduíche de carne grelhada
Taameya ou faláfel: bolinho frito de farinha de grão-de-bico e fava

Restaurantes
Pratos em geral fartos, acompanhados de mezze (entradas quentes e frias variadas). Nos restaurantes de carne ou peixe, o preço varia com o peso.

Refeições rápidas
Econômicas e populares: sanduíches de *foul* ou de *faláfel*, *shawarma*, *fatir* e *koshari*. Sobremesas, doces com mel: *konafa, baklava, basbussa*...

Gorjeta
Taxa (5%) e serviço (12%) não incluídos em alguns restaurantes. Sempre deixe gorjeta (10% do valor da conta).

Visitas

Mesquitas e igrejas
Roupas decentes: ombros e pernas sempre cobertos. Descalce-se (e, às vezes, para as mulheres, cubra a cabeça) na entrada das mesquitas.

Descontos
50% com a carteira internacional de estudante.

Vida noturna

Álcool
Por motivos religiosos, a maioria dos cafés e restaurantes não serve álcool. Para tomar um drinque, às refeições ou não, vá aos

MUSEU EGÍPCIO

PRAÇA AL-TAHRIR

◀ Mapa D

★ Museu Egípcio das Ferrovias
Al-Mathaf al-Masri Lesekak al-Hadidiya (**A** D1)
→ *Midan Ramsis*
Tel 2576 3793 Ter-dom 8h-14h
No final da Plataforma nº 1 da Estação Ramsés, a história das ferrovias e a epopeia dos transportes nacionais desde o Egito antigo. Os visitantes poderão passear entre mapas, reproduções, arquivos e até subir no trem pessoal do quediva.

★ Sinagoga Shaar Hashamaim **Maabad Shaar Hashamaim** (**A** C3)
→ *21 sharia Adly*
Dom-sex 10h-13h
Imponente silhueta acinzentada que acrescenta um toque neofaraônico ao crescimento arquitetônico da rua Adly, a sinagoga das "Portas do Paraíso" é rigorosamente vigiada. Edificado em 1899 por Matasek e Cattaui, este templo sefardita ornamentado de flores de papiros e estrelas de Davi lembra que o vale do Nilo também tem raízes judaicas.

★ Museu Egípcio
Al-Mathaf al-Masri (**A** B4)
→ *Midan al-Tahrir Tel 2578 2448 Diariam 9h-18h30 (Sala das Múmias Reais 18h)*
O célebre "Al-Mathaf" parece um cofre transbordante de tesouros por todo lado. Da Núbia ao Mediterrâneo, 3 mil anos de civilização faraônica contados por mais de 120 mil objetos: joias, estátuas, papiros, móveis, sarcófagos, utensílios. No 1º andar, a Sala das Múmias Reais e a Galeria de Tutancâmon encantam multidões: principal atrativo da visita, o tesouro do túmulo do Faraó Menino, descoberto intato em 1923 no Vale dos Reis, em Lúxor.

★ Praça al-Tahrir
Midan al-Tahrir (**A** B4)
Permanente fluxo de carros e pedestres passa por esta imensa praça, denominada "Praça da Libertação" depois da Revolução de 1952. Ao norte, a rosada estrutu neoclássica do Museu Egípcio (1902) convive os prédios do começo d séc. 20, enfeitados com cartazes coloridos. Mis de estilos ao sul: aqui s alinham o Nile Hotel (1959), o mais antigo de grandes hotéis do Cairo o QG da Liga Árabe (196 um palácio quedival, a Mesquita Omar Makran o conjunto administrati Mogammaa (1952) e a prestigiosa AUC (Ameri University in Cairo, 192

MUSEU EGÍPCIO

SINAGOGA SHAAR HASHAMAIM

MUSEU EGÍPCIO DAS FERROVIAS

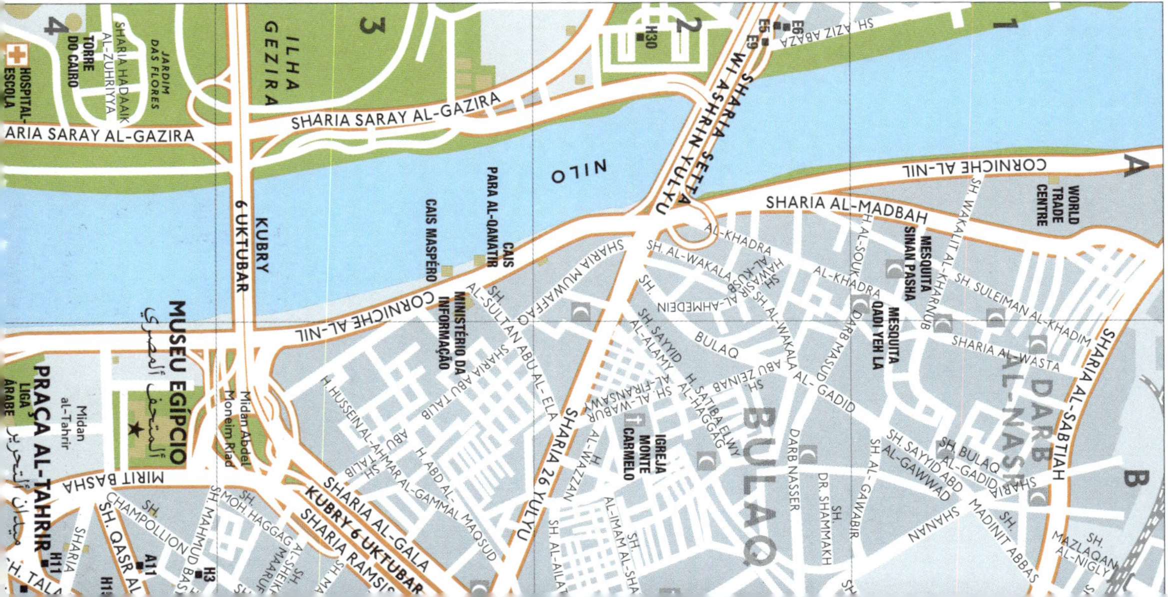

A

Centro (Wast al-Balad)

Vitrine da modernidade e do requinte no começo do séc. 20, Wast al-Balad mantém um ar europeu, com avenidas "parisienses" de estilos ecléticos (neoclássico, Art Déco etc.). Hoje empoeirado e barulhento, o centro do Cairo é tomado por clientes de lojas, funcionários apressados e turistas a caminho do Museu Egípcio. Ao sul, o residencial Garden City, de traçado bastante sinuoso, continua tranquilo, enquanto a leste, além da rua Qasr al-Ainy, e até o Palácio Abdin, ambulantes e engraxates trabalham em meio à fumaça dos narguilés dos jogadores de *tawla*.

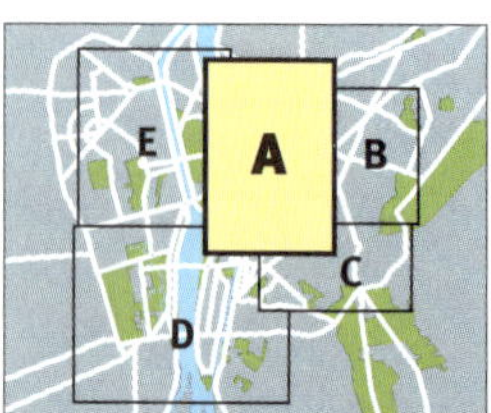

BABA ABDO

KOSHARI ABOU TAREK

Restaurantes

Baba Abdo ■ A1 (**A** C3)
→ *3 sharia al-Borsa al-Gadidah Tel 2391 7299 Diariam 7h-24h*
Primeiro, paga-se no caixa, do lado de fora; depois, é só esperar a tigela de fígado ao modo de Alexandria (levemente apimentado) ou de *koshari*. Então, resta apenas procurar um lugar para sentar em uma das minúsculas salas ou comer de pé na calçada. Prato 3-10LE.

Koshari Abou Tarek ■ A2 (**A** B3)
→ *16 sharia Maruf Tel 2576 1911 Diariam 7h-24h*
Com entrada pela rua Champollion, cercada por lojas de peças automotivas, esta cantina com panelas brilhantes serve massas, arroz e lentilha. Trabalhadores e famílias inteiras fazem fila devido ao famoso *koshari* e ao arroz-doce de Abou Tarek. À la carte 5-10LE.

Al-Nile Fish ■ A3 (**A** C4)
→ *25 sharia al-Bustan Tel 2794 0042 Diariam 12h-1h*
Fritos, grelhados ou com molho a gosto: robalo, pargo, badejo e linguado para degustar na sala ao lado das grelhas. Para acompanhar, pratos de *mezzes*. Informal e sempre animado. À la carte 9-75LE.

Estoril ■ A4 (**A** B4)
→ *12 sharia Talaat Harb Tel 2574 3102 Diariam 12h-24h*
Desde 1959, este endereço de elegância meio fora de moda atende em uma passagem invisível da rua, entre Talaat Harb e Qasr al-Nil. Jornalistas, artistas e professores vêm para conversar, comer saladas orientais e tomar cerveja. À la carte 13-78LE.

Abou Shakra ■ A5 (**A** B6)
→ *69 sharia Qasr al-Ainy Tel 2531 6111 Diariam 9h-2h*
Impecável, embora sempre lotado, é famoso pela qualidade dos grelhados e pelo atendimento. Insuperáveis *kebabs* e *chich tauks*, mas também *fattahs* e pombos recheados com *frik* (grãos de trigo verde). À la carte 20-94LE.

Taboula ■ A6 (**A** B5)
→ *1 sharia Amrika al-Latiniyya, Garden City Tel 2792 5261 Diariam 12h-1h*
Atrás da Embaixada dos Estados Unidos se esconde o restaurante mais charmoso do centro. Em uma sala ocre abobadada, aconchegantes mesas redondas, em volta de um

SOMA

AL-HORREYA CAFÉ

OUM AL-DOUNIA

chafariz: a rica clientela se delicia com pratos libaneses antes da *shisha*. É aconselhável reservar. À la carte 32-82LE.

CAFÉS E BARES

Café Soma ■ A7 (**A** C3)
→ *13 sharia al-Ezbekiya Tel 2575 1111 Diariam 24h (às vezes fecha por volta das 3h)*
A lembrança da famosa Uum Kolthum está em todos os cantos deste *ahwa* um tanto kitsch. Para fumar tabaco com maçã, escutando os maiores sucessos da "Estrela do Oriente".

Café Riche ■ A8 (**A** C4)
→ *17 sharia Talaat Harb Tel 2392 9793 Diariam 9h-24h*
Ponto de referência do agito cultural e político até os anos 1960, o Café Riche mantém sua fama, como mostram as fotos das personalidades da inteligência cairota. O ambiente de café literário ainda permanece, embora sem os intelectuais que o frequentavam.

Al-Horreya Café ■ A9 (**A** C4)
→ *2 sharia Mohamed Mazlum Tel 2392 0397 Diariam 10h-2h*
Bar tradicional, na praça al-Falaky, com teto alto e desbotado, grandes espelhos e paredes envelhecidas. Ambiente tranquilo durante o dia, em que idosos se encontram sob ventiladores para jogar xadrez. À noite, é tomado por amantes de cerveja Stella de todas as origens e religiões.

Sheherazad ■ A10 (**A** C3)
→ *3 sharia Alfy Tel 2574 2988 Diariam 23h-3h*
Sobrevivente do centro dos anos 1960, cabaré de ambiente um tanto duvidoso em que os clientes se exibem tanto quanto as dançarinas ao som de uma lânguida orquestra. Para desfrutar em grupo e sem preconceito. Quem quer espetáculos profissionais de dança oriental deve ir aos grandes hotéis da cidade.

After Eight ■ A11 (**A** B4)
→ *6 sharia Qasr al-Nil Tel 010 339 8000 Diariam 20h-3h*
O café-concerto "alternativo" do Cairo. Rock, salsa, rai, karaokê ou novos talentos egípcios. Cada noite, um ritmo e uma clientela. De quinta a sábado, é bom reservar.

Le Bistrot Bar ■ A12 (**A** C4)
→ *8 sharia Hoda Sharaawy Tel 012 849 1943 Diariam 18h30-1h30 (mais tarde qui-sex)*
Duas grandes portas de madeira dão para este bar com design contemporâneo: luz intimista e ótima seleção de bebidas alcoólicas.

COMPRAS

Bouquinistes ■ A13 (**A** D3)
→ *Parque Ezbekiya Diariam 11h-20h*
No nordeste do que sobra do parque Ezbekiya, alinham-se dezenas de minúsculas bancas de madeira, repletas de livros e revistas de todas as épocas, em todas as línguas.

Lehnert & Landrock ■ A14 (**A** C3)
→ *44 sharia Sherif Tel 2392 7606 Seg-sáb 10h-19h*
No fundo desta livraria retrô, fotos do início do séc. 20 do fotógrafo orientalista Rudolf Lehnert convivem com postais desbotados, papiros, slides. Belas edições antigas.

Al-Abd ■ A15 (**A** C3)
→ *25 sharia Talaat Harb Tel 2392 4407 Diariam 8h30-23h (9h30-24h30 sex)*
Esta doceria está sempre lotada: bolos de todas as cores, chocolates, doces orientais, sorvetes ou bombons para enlouquecer os fregueses.

Oum al-Dounia ■ A16 (**A** B4)
→ *3 sharia Talaat Harb Tel 2393 8273 Diariam 10h-21h*
Charmosa loja de artesanato de qualidade do Egito e de Madagascar: joias, luminárias, cerâmicas e tecidos ideais para ótimos presentes.

Al Yéméni-Abdel Maboud ■ A17 (**A** C4)
→ *25 sharia al-Bustan Tel 2393 5980 Diariam 10h-21h*
Endereço perfeito para os amantes do café: perfumes de arábica e cardamomo, grandes sacos de grãos e longa fila em que cada um espera pacientemente por seu pacote de café moído na hora.

GALERIA DE ARTE

Townhouse ■ A18 (**A** C4)
→ *10 sharia Nabrawy Tel 2576 8086 Sáb-qua 10h-14h, 18h-21h; sex 18h-21h www.thetownhousegallery.com*
Mais do que galeria, ponto de criação e intercâmbio com a vida social e cultural do bairro: exposições de artistas contemporâneos, ateliês para crianças e adultos.

MESQUITA OMAR MAKRAM

SOCIEDADE EGÍPCIA DE GEOGRAFIA

▼ Mapa B

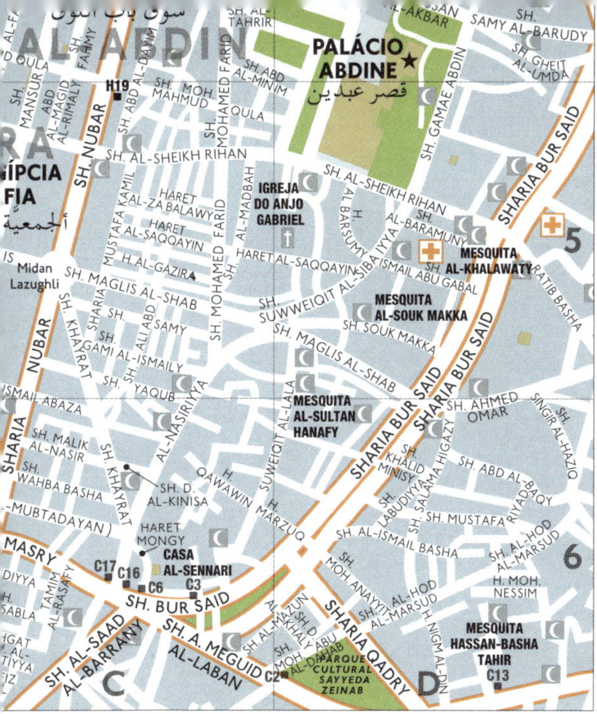

SOUK BAB AL-LUQ

PALÁCIO ABDINE

◄ Mapa C

Mesquita
ar Makram
gid Omar Makram
4)
haria Omar Makram
ida em 1940 pelo prolí-
arquiteto italiano Mario
si, esta pequena mes-
a é internacionalmente
hecida por organizar
ınerais de eminentes
onalidades do país.
níficos arabescos.

ociedade Egípcia
Geografia
amiya al-Goghrafiya
asriya (**A** B5)
nmeuble Shura Shobra,
sharia Qasr al-Ainy
794 5450
qua 9h-14h

A ilustre sociedade, fundada pelo quediva Ismail em 1875, abrigou em 1922 seu singular acervo de atlas, livros e revistas sob um estupendo teto de delicados motivos geométricos. Esta rica biblioteca era frequentada pelos exploradores e geógrafos europeus que procuravam as nascentes do Nilo. No térreo, três museus, confusos mas instrutivos, consagrados aos patrimônios folclóricos (séc. 19) egípcio e sudanês, e dioramas do canal de Suez.

★ Garden City (**A** A6)
"Cidade Jardim", bairro residencial cujo projeto do início do séc. 20 inspirou-se nos parques ingleses. Outrora luxuoso e elegante, aos poucos vai sendo invadido por torres de concreto. Passeio nostálgico entre mansões decadentes, prédios Art Déco e embaixadas vigiadas, para encerrar com um chá na Corniche ou um coquetel no bar de um grande hotel à beira do Nilo.

★ Souk Bab al-Luq
Souk Bab al-Luq (**A** C4)
→ *Midan al-Falaky*
É difícil imaginar que, quando inaugurado (1912), este mercado coberto tivesse equipamentos de ponta em higiene e salubridade. Sob os 24 m da estrutura metálica do teto, aves, peixes, frutas e legumes ainda são empilhados em bancas.

★ Palácio Abdine
Qasr Abdin (**A** D4)
→ *Sharia Gamae Abdin*
Tel 2391 0042
Sáb-qui 9h-14h30
Amplo palácio (500 cômodos!) construído em 1863 pelo quediva Ismail Paxá para abrigar a sede do governo. Atrás do edifício, um lindo jardim e a entrada de cinco museus: Armas, Adornos Reais, Presentes Diplomáticos, Medalhas e Decorações, Documentos Históricos.

KHAN AL-KHALILI

PRAÇA AL-HUSSEIN

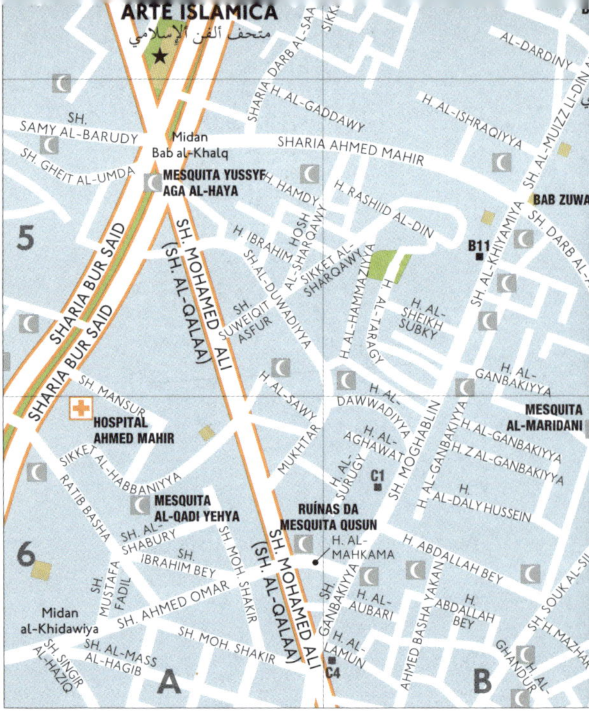

★ Porta al-Futuh
Bab al-Futuh (B C2)
→ *Sharia Bab al-Futuh*
"Porta das Conquistas" (1087), uma das três entradas fortificadas da cidade fatímida, com Bab al-Nasr (a leste) e Bab Zuwayla (ao sul). Antigamente, as caravanas ao voltar de Meca adentravam Al-Qahira por esse portal abobadado, com torres semicirculares. Acesso à muralha pela Mesquita al-Hakim.

★ Casa al-Suhaymi Beit al-Suhaymi (**B** C3)
→ *Haret Darb al-Asfar*
Tel 2591 3391
Diariam 9h-17h (18h verão)
Típica casa do séc. 17. É fácil se perder no labirinto de cômodos: o *qaa* do harém, com azulejos verdes e azuis, os *haramlik* (moradas das mulheres), arejados e privados, com belos *moucharabiehs*. Observe os *malqafs*, captadores de ar, no teto, que ventilam os apartamentos: são os ancestrais do ar-condicionado.

★ Bein al-Qasreen (**B** C3)
→ *Sharia al-Muizz li-Din Allah*
A esplanada "entre os dois palácios" está lindamente renovada. As ricas residências fatímidas que lhe deram o nome foram substituídas por outros esplendores mamelucos: os conjuntos dos sultões Qalaun (1284), al-Nasser Mohamed (1295) e Barquq (1384). Também na praça, o recente Museu Têxtil Egípcio.

★ Khan al-Khalili (**B** C4)
→ *Entrada principal Midan al-Hussein*
Movimentado, popular e envolvente, o velho (1382) caravançará (*khan*) do emir Jakars al-Khalili é o maior *souk* do Egito. Se os bibelôs, as pirâmides de gesso e os falsos papiros substituíram o artesanato local nas principais alamedas, belas surpresas ainda se encontram no[s] andares e lojas das rue[las] transversais. Mais calm[o] sexta-feira de manhã e domingo.

★ Praça al-Hussein
Midan al-Hussein (B C[4])
Rodeada pelas venerá[veis] mesquitas Al-Azhar e Al-Hussein (onde estão [as] relíquias de Hussein Ib[n] Ali, neto do Profeta), es[sa] famosa praça, desde a Idade Média, vive no ri[tmo] das cinco rezas diárias. Não perca sexta-feira a meio-dia, quando cent[enas] de fiéis, alinhados sob imensos guarda-sóis, s[e] prosternam ao mesmo tempo.

◀ Mapa C

PORTA AL-FUTUH

CASA AL-SUHAYMI

A leste da rua Bur Said fica uma das mais antigas cidades islâmicas do mundo (séc. 10), densa trama de moradias vetustas, minaretes e palácios. Da Porta al-Futuh, ao norte, até Al-Azhar, ao sul, a rua para pedestres Al-Muizz recuperou seu antigo brilho, revelando mesquitas, madraçais e casas medievais. No centro, o lendário *souk* Khan al-Khalili acolhe homens de *galabiyya* (djelaba), mulheres com véus coloridos e turistas deslumbrados, enquanto nas mesquitas Al-Hussein e Al-Azhar os muezins conclamam os fiéis à oração. A leste se estende a Cidade dos Mortos, onde a vida dos mais pobres se organiza em volta dos túmulos.

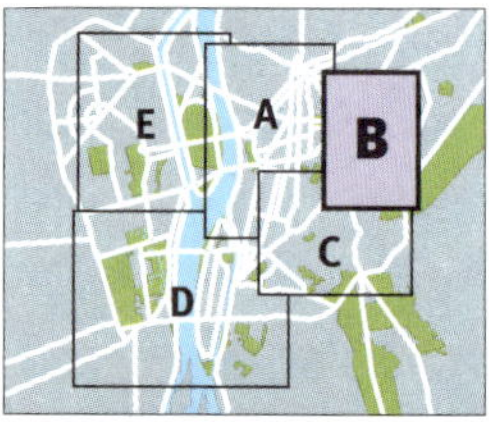

CARRINHO DE FOUL E TAAMEYA

PANQUECAS EGÍPCIAS

RESTAURANTES

Carrinho de Foul e Taameya ■ B1 (**B** C4)
→ *Sharia al-Sheikh Mohamed Abdul (atrás da Mesquita al-Azhar) Sáb-qui 9h-18h*
Uma carreta de *foul* (fava) e *taameya* (faláfel) para um autêntico *futur* (café da manhã) egípcio. Fartos sanduíches servidos com *torshi* (picles apimentados) para comer no pequeno espaço em volta do "balcão" ou no terraço do *ahwa* do outro lado da rua. 0,50-3LE.

Panquecas egípcias ■ B2 (**B** C4)
→ *7 midan al-Hussein Tel 2590 8623 Diariam 24h*
Na entrada do Khan al-Khalili, endereço popular devido à *fatir* e ao espetáculo de sua feitura: a massa da panqueca é preparada, recheada com as mais diversas guarnições, dobrada e posta no forno em segundos. *Fatir* 20-40LE.

Farahat ■ B3 (**B** C4)
→ *126 sharia al-Azhar Tel 2592 6595 Diariam 12h-6h*
Um pouco afastado da rua al-Azhar, este lugar tem dez mesas arrumadas sem frescura em uma alameda de pedestres, onde se prova o melhor *hamam mahshi* (pombo recheado) do Cairo. Pombo 21-23LE, carne 104-108LE/kg.

Al-Ahd al-Jedid ■ B4(**B** C4)
→ *77 sharia Gohar al-Kaed Diariam 13h30-6h30*
No agitado coração do *khan*, um ambiente calmo e fresco oferece clássicos da comida egípcia sem cobrar muito. Um cartaz na porta avisa em letras douradas "*Foods for all*" (comida para todos), mas o cardápio está escrito apenas em árabe, e poucos turistas se misturam à clientela familiar. À la carte 21-45LE.

Studio Misr ■ B5 (**B** D5)
→ *Citadel View Restaurants, Parque al-Azhar Azhar (entrada pela sharia Salah Salim) Tel 2510 9151 Diariam 13h-24h*
Erguido na colina do Parque al-Azhar, este luxuoso palácio, com o mais belo terraço da cidade, oferece uma vista deslumbrante da cidadela e do Cairo islâmico. O cardápio é farto e barato, mas nada original. Bufê às sex o dia todo, e sáb até 18h. À la carte 27-95LE, bufê 120LE.

Khan al-Khalili Restaurant ■ B6 (**B** C4)
→ *5 sikket al-Badistan Tel 2590 3788 Diariam 10h-2h*

FISHAWY

FÁBRICA MAMELUCA

ACADEMIA KHEDR AL-ATAR

Em uma sala digna de um palácio, garçons vestidos a caráter zelam pelo bem-estar dos fregueses: experimente a sopa de lentilhas e o frango com *molokhiya*. Na entrada do restaurante, o café Naguib Mahfouz propõe uma refeição leve. À la carte 45-95LE.

CAFÉ, CENTROS CULTURAIS

Café Fishawy
■ B7 (**B** C4)
→ 2 sikket Khan al-Khalili Tel 2590 6755 Diariam 24h
Tomado por turistas e ambulantes, o "Café dos Espelhos" permanece um dos mais prestigiosos endereços do Cairo, frequentado por escritores e artistas. Conta-se aqui que este *ahwa* nunca fechou as portas em mais de 200 anos!

Abdel Rahman Beik al-Harrawy ■ B8 (**B** C5)
→ Sharia al-Sheikh Mohamed Abdul Tel 2510 4174 Sáb-qui 10h-22h
Escola de *oud* (alaúde) nos cômodos lindamente reformados de uma casa de 1731. No fim da tarde (17h), os estudantes ensaiam e o lugar ecoa com o som de alaúdes, *kanouns* (cítaras) e *neys* (flautas). Há muitos concertos no ramadã.

Magmaa Qansouh al-Ghouri ■ B9 (**B** C4)
→ Sharia al-Sheikh Mohamed Abdul (no cruzamento das ruas al-Azhar e al-Muizz li-Din Allah) Sex ou dom 20h
Espetáculos grátis no mausoléu do complexo Al-Ghuri: músicas tradicionais no 1º dom do mês, ritmos e danças sufis na 2ª sex, percussões núbias no 3º dom e cantos religiosos na 4ª sex.

ARTESANATO

Al-Tarabishi
■ B10(**B** B4)
→ 36 sharia al-Muizz li-Din Allah Tel 2510 9331 Seg-sáb 10h-21h
O último ateliê de fabricação dos famosos *tarbuches*: feitos de feltro vermelho com um pequeno pompom preto orgulhosamente no topo, este chapéu masculino tipicamente otomano acabou sendo substituído pelos bonés.

Souk al-Khiyamiya
■ B11 (**B** B5)
→ Sharia al-Khiyamiya Diariam 10h-21h
Nas lojas do *souk* das tapeçarias (séc. 17), homens sentados no chão, com tesouras e agulhas, confeccionam tendas coloridas (que já enfeitavam as caravanas), tapeçarias (para as festas de rua), almofadas e colchas.

Fábrica Mameluca
■ B12 (fora do mapa **B** D5)
→ Sharia al-Souk (em frente à Mesquita Qaytbay), Cidade dos Mortos norte Tel 2921 3894 Diariam 10h-19h
Loja e ateliê onde se observa a fabricação de lamparinas, potes e copos feitos de massa de vidro incandescente.

COMPRAS

Souk al-Nahhassin
■ B13 (**B** C3)
→ Sharia al-Muizz li-Din Allah (em direção à Bab al-Futuh) Diariam 10h-22h
Nas calçadas em volta de Bayn al-Qasrayn, a luz se reflete no metal das panelas e no cobre das bandejas do *souk* dos caldeireiros.

Academia Khedr al-Atar ■ B14 (**B** C4)
→ Sharia al-Muizz li-Din Allah Tel 2590 0865 Diariam 10h-22h
Nas bancas da loja, todos os perfumes do Oriente: uma infinidade de plantas medicinais, temperos, grãos e incensos.

Franco Gallery
■ B15 (**B** C4)
→ 3 sikket al-Badistan (1º andar Khan al-Khalili) Tel 2589 4681 Diariam 10h-22h
Para encontrar véus, echarpes e xales elegantes e coloridos.

Scarabey ■ B16 (**B** C4)
→ 5 sikket al-Badistan (1º andar Khan al-Khalili) Tel 2590 7942 Diariam 10h-22h
Loja que parece uma caixa de joias: tudo é feito de prata e pedras semipreciosas, com preço por quilo.

Abd al-Zaher
■ B17 (**B** C4)
→ 31 sharia al-Sheikh Mohamed Abdul Tel 2511 8041 Diariam 11h-23h
Este encadernador à moda antiga existe desde 1936: gravuras, cadernos, álbuns, porta-retratos ou caderno de esboços.

Al-Khatoun
■ B18 (**B** C5)
→ 3 sharia al-Sheikh Mohamed Abdul Tel 2514 7164 Diariam 11h-21h
Nesta bela casa otomana, não se vendem lembranças estereotipadas, mas artesanato tradicional com toque atual: luminárias, mesas, tecidos, desenhos.

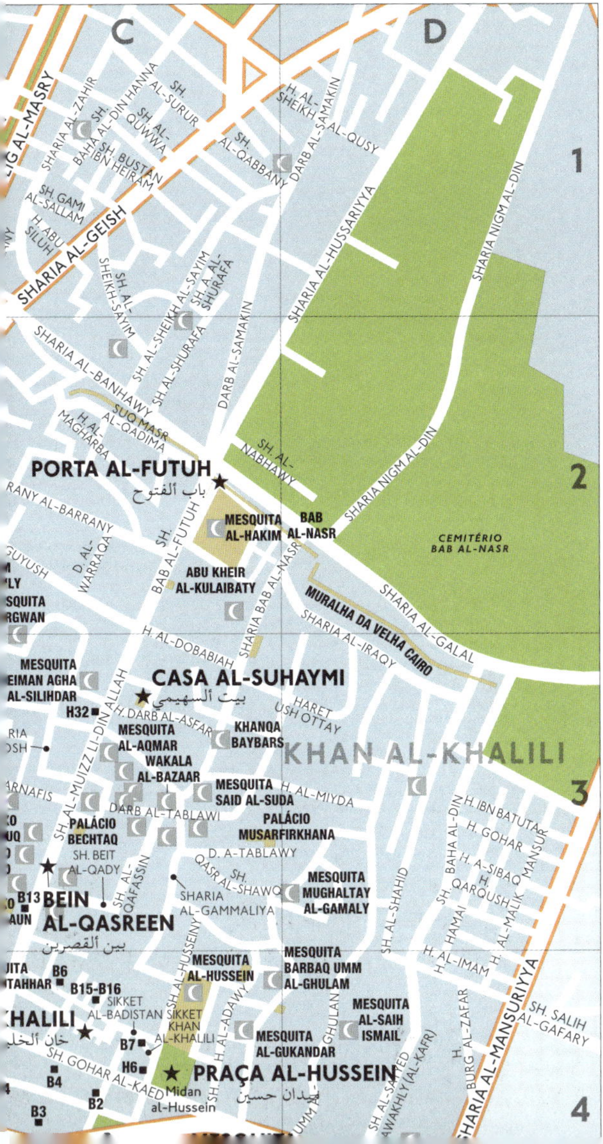

MESQUITA AL-AZHAR

PARQUE AL-AZHAR

MUSEU DE ARTE ISLÂMICA

CIDADE DOS MORTOS (NORTE)

◄ Mapa C

Mesquita al-Azhar
sgid al-Azhar (B C4)
haria al-Azhar
iam 7h-22h
de sua fundação em por Jawhar al-Siqqili, eral fatímida que dou Al-Qahira, a squita al-Azhar e seus o graciosos minaretes am sobre o mundo culmano. Estudantes do ndo inteiro frequentam prestigiosa universi-e; e na tranquilidade ma floresta de 365 nas (algumas antigas), revisam as suras.

arque al-Azhar
ikat al-Azhar (B C5)
ntrada pela sharia Salah Salim Tel 2510 3868 Diariam 11h-22h
Por iniciativa da Fundação Aga-Khan, muito ativa na reabilitação do bairro, a colina al-Darasa, criada no decorrer dos séculos pela acumulação de detritos, tornou-se um verdejante parque em 2005. Magnífico panorama de 360º!

★ Complexo Qansouh al-Ghouri Magmaa Qansuh al-Ghuri (**B** C4)
→ *Sharia al-Azhar e al-Muizz li-Din Allah Diariam 9h-17h*
A mesquita e o madraçal, o *khanqa* e o mausoléu (vazio) do penúltimo sultão, al-Ghouri (1501-1516), são belos exemplos da arquitetura mameluca tardia. A leste, a *wakala* servia de armazém, estrebaria, sala de negócios e hospedaria para comerciantes.

★ Museu de Arte Islâmica
Mathaf al-Fan al-Islami (B A4)
→ *Midan Bab al-Khalq, e sharia Bur Said Tel 2390 1520 Diariam 9h-16h Em reforma até meados de 2010*
Atrás da fachada bicolor de estilo mameluco, fabuloso museu dedicado à arte islâmica. Peças de vidro e metal, tapetes, cerâmicas, manuscritos e objetos de madeira apresentam um panorama das técnicas artísticas do séc. 7º ao 19.

★ Cidade dos Mortos (norte)
Al-Qarrafat al-Sharqiya
(fora do mapa **B** D5)
→ *Entradas ao longo da sharia Salah Salim*
Do séc. 14 ao 16, sultões e emires bahritas ergueram majestosos túmulos nesta ampla necrópole a leste da cidade islâmica (chegue de táxi). Não perca: ao norte, o conjunto Ibn Barquq (1411) por suas cúpulas com asnas de pedra; ao sul, o de Al-Ashraf Barsbey (1432) por seu magnífico *minbar*, a sepultura do sultão Qaytbay (1474) e a cúpula esculpida com flores e estrelas entrelaçadas.

IGREJA DE SÃO SIMÃO, O CURTIDOR

CIDADE DOS MORTOS (SUL)

★ **Darb al-Ahmar** (**C** E1)
→ *Sharia Darb al-Ahmar, Souk al-Silah e Bab al-Wazir*
As ruelas de areia deste bairro nascido no séc. 12, superpovoado e depois abandonado, aos poucos são cobertas de paralelepípedos, e as pérolas arquitetônicas mamelucas finalmente resgatam seu brilho. Um passeio pontuado por encantadoras paradas diante das mesquitas al-Ishaqi (1481), al-Maridani (1340), Aqsunqur (1347) e Khayrbey (1520).

★ **Mesquita al-Rifai** Masgid al-Rifai (**C** D2)
→ *Midan Salah al-Din Sáb-qui 8h-16h30; sex 8h-10h, 15h-16h30*
Obra de dimensões maciças, erguida entre 1868 e 1912 segundo a tradição das mesquitas medievais. O xeque al-Rifai, o rei Fuad e o último xá do Irã descansam sob o mármore verde e os tapetes persas.

★ **Madraçal do sultão Hassan** Madrasat al-Sultan Hassan (**C** D2)
→ *Midan Salah al-Din Sáb-qui 8h-16h30; sex 8h-10h, 15h-16h30*
Na fachada de arquitetura mameluca (1356-1363), imponente por sua sobriedade, apenas a porta, sob uma cascata de estalactites, deixa presumir a extrema delicadeza dos ornamentos internos. Note a fineza das caligrafias cúficas, o suporte para o Alcorão e o mausoléu de acústica surpreendente.

★ **Cidadela** Al-Qalaa (**C** E3)
→ *Entrada pela Bab al-Gabal na sharia Salah Salim Diariam 8h-16h30*
As resplandecentes cúpulas da Mesquita Mehemet Ali (1857) atraem o olhar em direção à cidadela. Edificada no séc. 12 por Salah al-Din (Saladino) e remodelada várias vezes, ela velou como uma sentinela o poder egípcio por 700 anos. Não perca: mesquitas (como a magnífi[...] al-Nasr Mohamed), museus (das Carruager[...] do Exército), moradias (Palácio al-Gawhara, o[...] "Palácio Joia"), peniten[...]rias e uma incrível vista panorâmica da cidade.

★ **Mesquita Suleiman Paxá** Masgid Suleyman Pasha (**C** F3)
Esta modesta mesquita otomana com cúpula (1[...] esconde-se perto do re[...] norte, em um jardim ce[...]cado. Uma cúpula centr[...] três semicúpulas em vo[...] coroam a sala de prece[...] iluminando-a com resp[...]decentes arabescos e v[...]culos dourados do Alco[...]

DARB AL-AHMAR

MESQUITA AL-RIFAI

MADRAÇAL DO SULTÃO HASSAN

▲ Mapa A

C

Cidadela (Al-Qalaa) / Sayyeda Zeinab

Mulas puxando carretas de cebolas ou tijolos, ateliês nas calçadas, crianças brincando com carneiros. O tempo parece ter parado nas caóticas ruelas de Darb al-Ahmar, popular bairro arcaico colado ao antigo recinto da imponente cidadela aiúbida. Para oeste, a *sharia* al-Saliba, onde estão localizados esplêndidos edifícios medievais: mesquitas, madraçais, *khanqa*. É necessário enfrentar o frenético trânsito para poder apreciar a serenidade da Mesquita Ibn Tulun e provar a carne grelhada das bodegas de Sayyeda Zeinab, bairro calmo durante o dia, mas bem animado à noite.

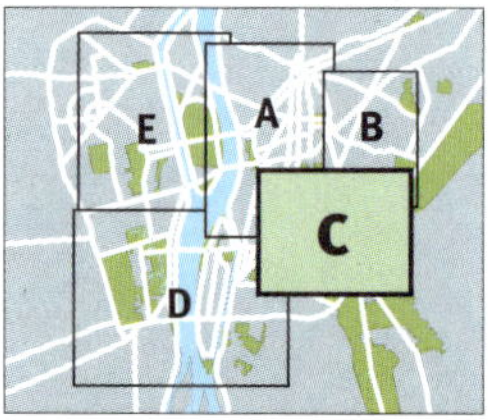

AL-GAHSH

AL-BEDANY

RESTAURANTES

Talaat ■ C1 (**C** D1)
→ *38 sharia Moghablin*
Tel 017 634 3165
Diariam 24h
Em meio a uma fileira de lojas, esta bodega é assinalada por um toldo verde. *Babaganuche*, faláfel e saladas. Ideal para uma refeição rápida e barata. À la carte 1-3LE.

Al-Gahsh ■ C2 (**C** B3)
→ *9 sharia Abdel Meguid al-Laban Diariam 10h-4h*
Considerado o melhor *foul* da cidade, tão cremoso que derrete na boca! Atrás de uma tabuleta bem-humorada, algumas mesas cobertas por folhas de jornal em vez de toalhas; sempre lotado a qualquer hora. À la carte 1,50-3LE.

Koshari al-Reda ■ C3 (**C** B2)
→ *Midan Sayyeda Zeinab*
Sáb-qui 7h-24h
Instalada no meio da praça Sayyeda Zeinab, esta cantina convivial é sempre animada. Os cozinheiros usam panelas como percussão e fazem malabarismo com os ingredientes: o preparo de uma fumegante tigela de *koshari* é um verdadeiro espetáculo. À la carte 2-7LE.

Al-Bedany ■ C4 (**C** D2)
→ *37 sharia Mohamed Ali*
Tel 2512 6842
Diariam 6h-3h
Assadeiras e caixas de ovos ficam expostas na fachada e delimitam a entrada do reino do frango. Primeiro marinado, depois recheado com arroz perfumado e servido em leito de salsinha, o frango grelhado do Al-Bedany atrai multidões desde 1802. Para levar ou saborear na pequena sala do primeiro andar. Frango (inteiro) 20LE.

Abu Ramy ■ C5 (**C** A4)
→ *1 sharia Ibn Yazid*
Tel 2362 9316
Diariam 15h30-5h
Afastado dos lugares turísticos, perto dos matadouros (Al-Madbah), este restaurante de bairro, difícil de achar, está sempre lotado. Excelente oferta de *kofta*, *kebabs*, grelhados e miúdos. Serviço eficaz. Por quilo, 90-110LE/kg.

Al-Rifai ■ C6 (**C** B2)
→ *4 haret Mongy Tel 2390 6996 Diariam 17h-5h*
Restaurante de grelhados cuja fama é bem estabelecida, como testemunham as fotos de celebridades nacionais e internacionais, tiradas

AN

SHAHD

TORSHI AL-KARIMA

pelo dono, que enfeitam as paredes! Toda noite a sala fica lotada e, no canto, a churrasqueira exala um cheiro apetitoso. Saboreie este banquete de carne degustando o "uísque egípcio" (bebida sem álcool muito apimentada). Por quilo, 125LE/kg.

LANCHONETE, CAFÉ

Shahd ■ C7 (**C** C3)
→ *32 midan Ibn Tulun Tel 016 993 7326 Diariam 8h-22h*
Atrás das guirlandas de frutas, Said prepara deliciosos sucos (conforme as estações: laranja, manga, goiaba, morango...). Experimente as populares *soubia* (coco), *tamr hindi* (tamarindo), *asab* (cana) ou *doum* (fruto da palmeira egípcia). Energético e barato.

Café Shorouk ■ C8 (**C** D2)
→ *Sharia al-Rifai Diariam 24h*
Em frente à Mesquita al-Rifai, um *ahwa* tradicional: os fregueses conversam em volta de *shishas* e pequenas xícaras de café turco ou de *tchai* (chá), enquanto jogam *tawla* (gamão) animadamente. Também à la carte, chás de *karkadé* (hibisco) ou *helba* (feno-grego).

CENTROS CULTURAIS

Takeyya Mevlevi ■ C9 (**C** D2)
→ *31 sharia al-Suyufiah Diariam 9h-16h*
A pista do Teatro Sama Khana (séc. 18) recebe pontualmente apresentações de dervixes rodopiantes. Mas o lugar continua ativo graças ao Centro Italiano de Arqueologia e às exposições temáticas em colaboração com o Centro Cultural Transalpino.

Palais de l'Amir Taz ■ C10 (**C** D2)
→ *17 sharia al-Suyufiah Tel 2514 2581 Sáb-qui 9h-16h*
Exposições, peças de teatro, concertos ao ar livre e muita animação costumam alegrar os numerosos cômodos e jardins desta residência mameluca de 1352.

Makan ■ C11 (**C** A1)
→ *1 sharia Saad Zaghlul Tel 2792 0878 Ter-qua 21h www.egyptmusic.org*
Discreta sala de concertos, famosa por preservar a música popular e a camponesa. Cantos *zaar* (transes) e sudaneses, baladas *mawwal* (improvisações sobre poemas) etc.

Saad Zaghloul Cultural Centre ■ C12 (**C** A1)
→ *2 sharia Saad Zaghlul Tel 2765 6864 Sáb-qui 9h-15h, 16h-21h (20h ter)*
O subsolo da Casa do Povo (Beit al-Omma), sede de exposições temporárias sobre a pintura local.

COMPRAS

Hassan wa Hussein ■ C13 (**C** C3)
→ *8 sharia al-Saliba Tel 2392 6288 Diariam 10h-23h*
Na Hassan e Hussein, montanhas de pistache, amendoim e sementes de abóbora. Para beliscar a qualquer hora.

Khan Misr Tulun ■ C14 (**C** C3)
→ *17 midan Ibn Tulun Tel 2365 2227 Seg-sáb 10h-17h*
Cerâmicas, roupas, bonecas: artesanato oriundo de ateliês "sustentáveis" do país e principalmente dos oásis. Boa oferta e atendimento prestativo.

Torshi al-Karima ■ C15 (**C** B3)
→ *28 sharia Abdel Meguid al-Laban Tel 2364 6043 Diariam 9h-21h*
Repleta de vasilhames multicoloridos, esta pequena loja é especializada em *torshi*, legumes marinados no vinagre servidos nas refeições, fonte de energia.

Mohamed Shahyne ■ C16 (**C** B2)
→ *45 midan Sayyeda Zeinab Tel 2391 5322 Diariam 9h30-23h*
Particularmente apreciados durante a *Sham al-Nassim* (Festa da Primavera), peixes secos (*fesikh*) e caviar egípcio preparados como manda a tradição.

Erfa al-Kanofi ■ C17 (**C** B2)
→ *28 midan Sayyeda Zeinab Diariam 24h*
Nesta tentadora vitrine amontoam-se doces cobertos de mel e cabelo de anjo: para uma pausa deliciosamente adocicada.

Souk al-Gomaa ■ C18 (fora do mapa **C** E4)
→ *Embaixo do viaduto, a cerca de 2 km de Sayyeda Aisha Sex 7h-15h*
Ao longo de uma antiga ferrovia, na saída sul da cidade, uma imensa e desorganizada feira popular: roupas, brechó, aparelhos eletrônicos, animais ou mercadoria que caiu dos caminhões.

DELA

CIDADELA / MESQUITA SULEIMAN-PAXÁ

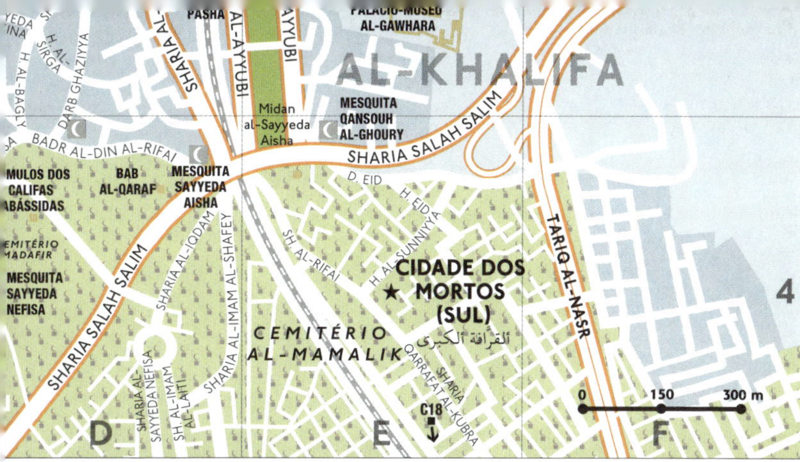

QUITA IBN TULUN

MUSEU GAYER-ANDERSON

CASA AL-SENNARI

greja de São Simão, ırtidor Kinesat
ıaan al-Kharraz
a do mapa **C** F3)
Manshiyet Nasr, Zeenat al-Zabbalin
Cairo dos *zabbalin*, istas cristãos encarre-os da coleta e triagem ixo, esta igreja troglo-a (1976) celebra o ıgre de são Simão, o idor. No séc. 10, ele a salvado os coptas das ɔs do califa al-Muizz n Allah ao deslocar onte Moqqatam.

idade dos Mortos)
Qarrafat al-Kubra (**C** E4)
o sul da sharia Salah Salim
Assim como seu par setentrional, o “Grande Cemitério” (640) vigia os mortos e acolhe os vivos, em um traçado em que se misturam simples túmulos com tesouros arquitetônicos funerários. Ao sul (fora do mapa C D4), o Mausoléu do Imame al-Chafii (1211), grande conjunto sepulcral islâmico, atrai fiéis que vêm implorar sua *baraca* (bênção). Visite também a capela quedival Hosh al-Basha (1820) e o Cemitério dos Mamelucos.

★ **Mesquita Ibn Tulun**
Masgid Ibn Tulun (**C** C3)
→ Midan Ibn Tulun
Diariam 8h-17h
O símbolo de Al-Qatai, a cidade libertada da tutela abássida por Ahmad Ibn Tulun: uma grande mesquita (879) como na Mesopotâmia. Pátio quadrado, pontuado por pórticos e pilares acima dos quais se ergue um único minarete, circundado por uma escada helicoidal. Não hesite em subi-la para ter uma linda vista deste animado bairro.

★ **Museu Gayer-Anderson** Mathaf Gayer Anderson (**C** C3)
→ Midan Ibn-Tulun
Tel 2364 7822 Diariam 9h-16h
Junto à Mesquita Ibn Tulun, a casa Al-Kritliyya (sécs. 16-17) escapou da destruição em 1928. O major Gayer-Anderson (1881-1945), colecionador orientalista e aposentado, transformou os andares desnivelados, os tortuosos corredores e as galerias superiores em museu de arte e antiguidades.

★ **Casa al-Sennari**
Beit al-Sennari (**C** B2)
→Haret Mongy
Diariam 9h-16h
O centro de pesquisa de Napoleão Bonaparte. Foi nesta elegante (mas vazia) mansão de 1794 que pesquisadores, engenheiros e artistas da Campanha do Egito (1798-1801) elaboraram a monumental *Descrição do Egito*.

SINAGOGA BEN EZRA

MESQUITA AMR IBN AL-AAS

★ **Igreja Suspensa** Al-Kinesat al-Muallaqa (**D** A4)
→ *Sharia Mar Girgis*
Tel 2363 1467 Diariam 9h-17h
Missas: sex 8h; dom 9h
A Igreja da Virgem (séc. 10), "suspensa" acima da porta sul da antiga cidade romana e depois bizantina. Atrás da estreita fachada com dois altos campanários, descubra obras-primas de arte religiosa: 110 ícones, alguns do séc. 8º, e um púlpito do séc. 11 sustentado por 15 pequenas colunas de mármore.

★ **Torres romanas**
Hosn Babylon (**D** A4)
→ *Em frente ao metrô Mar Girgis*
Únicos vestígios da "Babilônia do Egito" reconstruída em 98, no reinado do imperador romano Trajano, duas torres (na entrada do Museu Copta) e uma muralha maciça ao lado. A igreja do mosteiro ortodoxo grego de são Jorge (1904) fica bem junto à redonda Torre Norte.

★ **Museu copta**
Al-Mathaf al-Qebty (**D** A4)
→ *3 sharia Mar Girgis*
Tel 2363 9742 Diariam 9h-17h
Arte copta neste deslumbrante museu de 1908, ornamentado com pinturas e *moucharabiehs*. Óstracos, joias, cerâmicas, manuscritos, ícones e painéis de madeira retratam a vida dos cristãos do vale do Nilo. Não perca: as tecelagens de linho e algodão dos sécs. 4º e 5º, da era copta, antes do advento do Islã.

★ **Convento de São Jorge** Deir Mar Girgis (**D** A4)
→ *No complexo do bairro copta Diariam 9h-16h*
Um convento copta do séc. 10º: no pátio, alguns degraus levam à capela; no subsolo, há uma relíquia sagrada, a corrente manchada de são Jorge. Mas é a porta de entrada (original), rara obra de 7,60 m de altura, com quatro batentes de madeira trabalhada, que a todos os olhares.

★ **Igrejas de São Sér[illegible] e de Santa Bárbara**
Kinesat Abu Serga wa Sitt Barbara (**D** A4)
→ *No complexo do bairro copta Diariam 9h-17h*
Enroscada no coração [illegible] bairro copta, quase invisível, a Igreja de Sã[illegible] Sérgio, fundada no séc [illegible] ergue-se sobre a gruta que a Sagrada Família [illegible] abrigou na fuga para o Egito. No fim da ruela à esquerda, Santa Bárba[illegible] (séc. 11) foi projetada n[illegible] modelo basilical de trê[illegible] naves. Há belos ícones

IGREJA SUSPENSA

TORRES ROMANAS

MUSEU COPTA

Aqui, perto do Nilo, a Velha Cairo (Misr al-Qadima) revela as origens da cidade, desde o rico bairro copta, enclausurado nas fortificações da Babilônia cristã, até a Mesquita Amr Ibn al-Aas e as ruínas de Al-Fostat. Na ilha de Roda, de todos os pomares e mansões de paxás, apenas dois palácios e um nilômetro (séc. 9º), hoje em desuso, sobreviveram à onda de concreto dos anos 1950. Na margem esquerda, a tentacular Gizé enraizou-se no começo do séc. 20 em volta do zoo e da universidade, antes de se estender para o deserto. À noite, as *dahabiya* (casas flutuantes) atracadas nos cais servem suntuosos jantares.

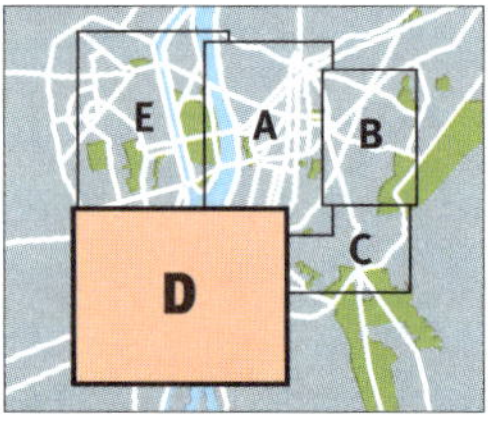

FISH MARKET

HAPPY DOLPHIN

Restaurantes

Gad ▪ D1 (D C3)
→ *8 sharia Murad Tel 3569 7252 Diariam 24h*
Grande oferta de tortas, massas, pizzas e sanduíches: este self-service agrada a clientela com ótima qualidade e bom preço. Vários endereços na cidade. À la carte 4-55LE.

Momen ▪ D2 (D D3)
→ *47 sharia al-Manial Tel 16600 Diariam 10h-3h*
Rede egípcia de fast-food para as pequenas fomes. *Shawarmas*, *burritos* ou hambúrgueres para comer, levar ou mandar entregar. À la carte 8LE- 18LE.

Al-Bahrein ▪ D3 (D E3)
→ *1-3 sharia al-Roda Tel 2532 2175 Diariam 10h-22h*
Ao lado de uma peixaria na qual se abastece, este modesto restaurante serve peixes e frutos do mar grelhados, fritos ou cozidos no vapor, conforme o gosto. À la carte 10-55LE.

Al-Mashrabia ▪ D4 (D C1)
→ *4 sharia Ahmed Nessim Tel 3748 3501 Diariam 12h30-1h*
Atrás da Embaixada da Arábia Saudita, este recanto tranquilo oferece todo tipo de especialidade oriental. Difícil resistir ao pato com inhame ou à *kofta dawood basha* (almôndegas ao molho de tomate). De sobremesa, experimente *konafa* com pistache. À la carte 13-45LE.

Fish Market ▪ D5 (D C2)
→ *A bordo do Americana 26 sharia al-Nil Tel 3570 9693 Diariam 12h-3h*
Lugar da moda ancorado à beira do Nilo. Peixes e frutos do mar fresquíssimos esperam pelos clientes sobre um leito de gelo. Cervejas, *mezzes* e vista para o rio. É aconselhado reservar. Por quilo, 65-200LE.

Happy Dolphin ▪ D6 (D D2)
→ *70 sharia Abdel Aziz al-Saud Tel 2363 2772 Diariam 10h-2h*
Amplo e atraente terraço à beira do Nilo, ideal para o almoço. Deliciosa comida egípcia simples e fresca. Serviço eficiente. À la carte 23-66LE.

Nubian Village ▪ D7 (D E1)
→ *Grand Hyatt Hotel Tel 2365 1234 Diariam 13h-1h*
No terraço e na sala decorada como uma chique tenda beduína, jantar à beira da água, com vista para Zamalek

PHARAONIC VILLAGE

35 LOUNGE BAR

AKHIM

e as margens do Nilo. *Couscous msagi* de cordeiro e pratos orientais de inspiração marroquina, libanesa e núbia. Toda noite (21h-1h), orquestra *takht* (tradicional). À la carte 55-105LE.

The Pharaohs ■ D8 (**D** C2)
→ *138 sharia al-Nil Tel 3570 1000* ***Partida dos cruzeiros*** *(telefonar antes) Diariam 14h30, 16h30, 20h45, 22h30*
Jantar e cruzeiro sobre o Nilo em uma gigantesca barca solar dourada, bem enfeitada com alusões faraônicas. Espetáculos (danças orientais, dervixes rodopiantes...) acompanham o bufê. Menu 270LE.

CASA DE CHÁ, BARES

La Gourmandise ■ D9 (**D** C2)
→ *35 sharia al-Giza, First Mall Tel 3569 2557*
Diariam 10h-2h
Luxuosa casa de chá no estilo francês, ponto de encontro de uma clientela rica: charlotes, bolos recheados, doces folhados.

Quay ■ D10 (**D** D3)
→ *74 sharia Abdel Aziz al-Saud Tel 2361 9300*
Diariam 13h-1h30
As mesas de centro e as confortáveis poltronas do Quay parecem flutuar sobre o Nilo: é difícil resistir ao charme do mais novo bar com narguilé (*shisha*).

35 Lounge Bar ■ D11 (**D** C2)
→ *35 sharia al-Giza (ao lado do First Mall) Tel 3573 8500*
Diariam 20h30-3h
Coquetéis e *design* apurado no bar *chill out* predileto dos jovens cairotas ricos. Severo controle na entrada, um lugar onde se pode ver e ser visto.

LAZER

Cinéma Galaxy ■ D12 (**D** D3)
→ *67 sharia Abdel Aziz al-Saud Tel 2532 5746*
Moderno cinema com seis salas para ver os últimos *blockbusters* em versão original.

The Pharaonic Village ■ D13 (fora do mapa **D** C4)
→ *3 sharia al-Bahr al-Aazam Tel 3572 2533*
Diariam 9h-18h (21h verão)
Neste parque temático, deixe-se levar por uma viagem de 3 mil anos ao coração de um vilarejo sobre o Nilo. Para a alegria das crianças, os camponeses, ceramistas e embalsamadores reproduzem antigas técnicas. Não perca: 14 pequenos museus e uma reprodução do túmulo de Tutancâmon. Área de lazer e ateliês.

Darb 1718 ■ D14 (**D** E4)
→ *Sharia Qasr al-Sham, Al-Fakharin Tel 2361 0511*
Sáb-qua 10h-14h, 16h-22h; sex 16h-22h
www.darb1718.com
Em uma construção branca de estilo camponês, este centro cultural promove a cena artística contemporânea no Cairo com diversos grupos socioculturais do bairro de Al-Fostat.

ARTESANATO

Mohamed Saied ■ D15 (**D** E4)
→ *Sharia Qasr al-Sham, Al-Fakharin Tel 012 193 4257*
Diariam 10h-19h
Portas abertas no ateliê de Mohamed Saied, artesão e ceramista.

Al-Nafeza ■ D16 (**D** E4)
→ *Sharia Qasr al-Sham, Al-Fakharin Tel 010 133 9600 Sáb-qui 9h-15h*
No contexto de um projeto de desenvolvimento, as mulheres deste ateliê fabricam papel vegetal ou reciclado para criar cadernos, caixas e abajures.

COMPRAS

Akhim ■ D17 (**D** E4)
→ *Al-Fostat Gallery, sharia Mar Girgis*
Tel 012 759 9479
Seg-sáb 10h-18h
Tecidos e objetos de madeira, resultado dos esforços de educação e formação profissional de uma ONG no Alto Egito.

Nefertari ■ D18 (**D** E4)
→ *Al-Fostat Gallery, sharia Mar Girgis*
Seg-sáb 10h-18h
Produtos de beleza 100% naturais e roupa de cama, mesa e banho de algodão orgânico.

APE ■ D19 (**D** E4)
→ *Al-Fostat Gallery, sharia Mar Girgis*
Seg-sáb 10h-18h
Provenientes da reciclagem e do trabalho dos catadores de lixo, sacos, toalhas ou colchas de retalhos dão cor à loja da Associação para a Proteção do Meio Ambiente.

Al-Gezira ■ D20 (**D** E3)
→ *8 sharia al-Roda*
Tel 2364 9051
Diariam 24h
A toda hora do dia e da noite *fatirs*, croissants e uma incrível variedade de doces frescos.

VENTO DE SÃO JORGE

IGREJAS DE SÃO SÉRGIO E DE SANTA BÁRBARA

▶ Mapa A
▼ Mapa C

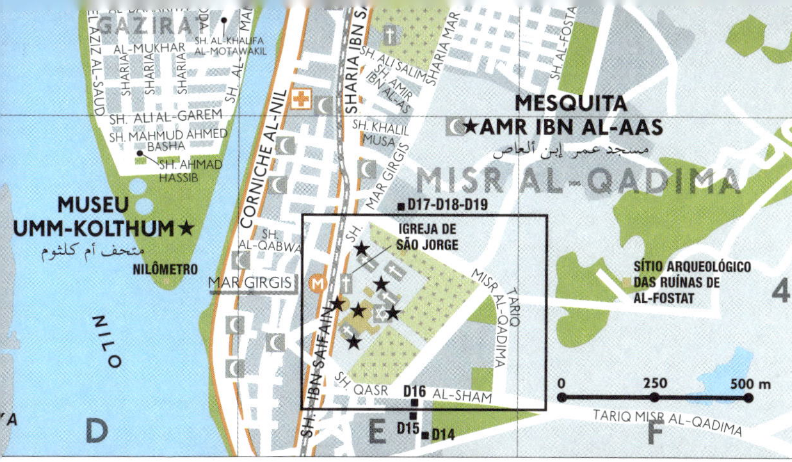

CIO AL-MANIAL

MUSEU UMM KOLTHUM

MUSEU AHMED SHAWKI

ora a maior parte
esteja no Museu
ta.

inagoga Ben Ezra
bad Ben Ezra (**D** A4)
o complexo do bairro
a Diariam 9h-17h
pando desde 1115 uma
ga igreja copta por
são do grão-rabino
Ezra, a sinagoga
tém a arquitetura
ntina e os ornamentos
nfluência antiga e
nica. Em 1895, a
coberta de uma
nizá (sala de arquivos
anuscritos sagrados)
xe valiosas infor-
ões sobre Al-Fostat
neiro nome do Cairo)
e a comunidade judaica entre os sécs. 10º e 18.

★ Mesquita Amr Ibn al-Aas Masgid Amr Ibn al-As (**D** E4)
→ Sharia Mar Girgis
Ponto de partida da islamização do Egito, a primeira mesquita do Cairo (642), várias vezes reconstruída, conserva do santuário original raras arquitraves que se encontram perto da muralha, ao sul.

★ Palácio al-Manial Qasr al-Manial (**D** E1)
→ 1 sharia al-Saray
Tel 2368 7495
Diariam 9h-18h
Em reforma até julho de 2010
Visite o resplandecente palácio do príncipe Mohamed Ali Tewfik (1875-1955) para conhecer uma moradia da família quedival. Decoração carregada e mobília eclética, trazida das numerosas viagens do príncipe (Oriente Médio, Magreb, Europa). Luxuriante jardim com milhares de plantas exóticas.

★ Museu Umm Kolthum Mathaf Umm Kalthum (**D** D4)
→ Sharia al-Malik al-Salih
Tel 2363 1467
Diariam 9h-16h (17h verão)
Na ponta sul da ilha de Roda, este pequeno museu homenageia a célebre diva (1898-1975) que comoveu, fez cantar e chorar o mundo árabe. Nostálgico e emocionante!

★ Museu Ahmed Shawki Mathaf Ahmed Shawki (**D** C2)
→ 6 sharia Ahmed Shawki
Tel 3572 9479
Ter-dom 9h-18h
A última moradia do príncipe dos poetas, Ahmed Shawki (1868-1932), onde nada mudou: saguão ricamente decorado, luminoso escritório com vista para o Nilo. Em meio à mobília da época, um guia anglófono descreve para os visitantes o ambiente erudito e sofisticado que reinava aqui.

PALÁCIO DAS ARTES

ÓPERA DO CAIRO

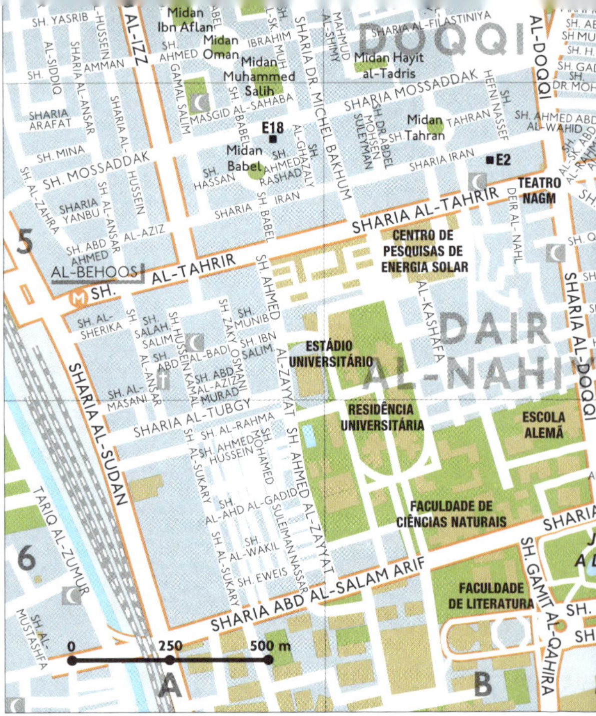

★ **Parque al-Horeya** Hadikat al-Horeya (**E** D4)
→ *Entrada pela midan Saad Zaghlul*
Passeio entre as esculturas que glorificam os grandes homens do país espalhadas nos gramados floridos; no fundo, a Torre do Cairo domina a Ópera. Descanse à sombra da grande figueira-de-bengala.

★ **Museu Mahmoud Mokhtar** Mathaf Mahmud Mokhtar (**E** D4)
→ *Sharia al-Tahrir*
Tel 2735 1123
Ter-dom 10h-13h30, 17h-21h
Em prédios inspirados na era faraônica (Wissa Wassef, 1962), um museu dedicado a Mahmoud Mokhtar (1891-1934), pai da moderna escultura egípcia. 85 obras (e o túmulo) do artista, que se tornou famoso com a monumental *Egypt's Renaissance* (1928), situada em frente ao Zoo de Gizé (**E** C6).

★ **Museu de Arte Moderna Egípcia** Mathaf al-Fan al-Hadeeth al-Masri (**E** D4)
→ *Gezira Exhibition Ground*
Tel 2736 6667 Ter-dom 10h-14h, 17h30-22h
As grandes tendências da criação egípcia desde 1908 apresentadas em um palácio Art Déco islâmico (1936) projetado por Mustafá Bey Fahmi. Não perca: as obras impressionistas de Youssef Kamel (1890-1971) e Ragheb Ayyad (1892-1982), os retratos de Ahmad Sabri (1889-1955) e as obras de Mohamed Nagy (1888-1956).

★ **Palácio das Artes** Qasr al-Fan (**E** D4)
→ *Gezira Exhibition Ground*
Tel 2736 7627 Sáb-qui 10h-13h30, 17h30-22h
Este pavilhão dourado projetado por Bey Fahmi tornou-se o espelho da arte contemporânea: exposições de jovens artistas, bienais e projeções de filmes.

★ **Ópera do Cairo** Dar Opera al-Masriya (**E** D4
→ *Gezira Exhibition Grour*
Tel 2739 8144
www.cairoopera.org
Em 1988, após 17 anos sem apresentações, a c cairota está de volta cor êxito, graças ao talento arquiteto japonês Shiki Koichiro. Nesta obra pós -moderna, influenciada lo Islã e pelo antigo Egit há apresentações quas diárias de óperas e balé

★ **Torre do Cairo** Borg al-Qahira (**E** D4)
→ *Sharia Hadaaik al-Zuhri*
Tel 2736 5112
Diariam 9h-24h (1h verão)
Símbolo do Cairo mode

PARQUE AL-HOREYA

MUSEU MAHMOUD MOKHTAR

MUSEU DE ARTE MODERNA EGÍPCIA

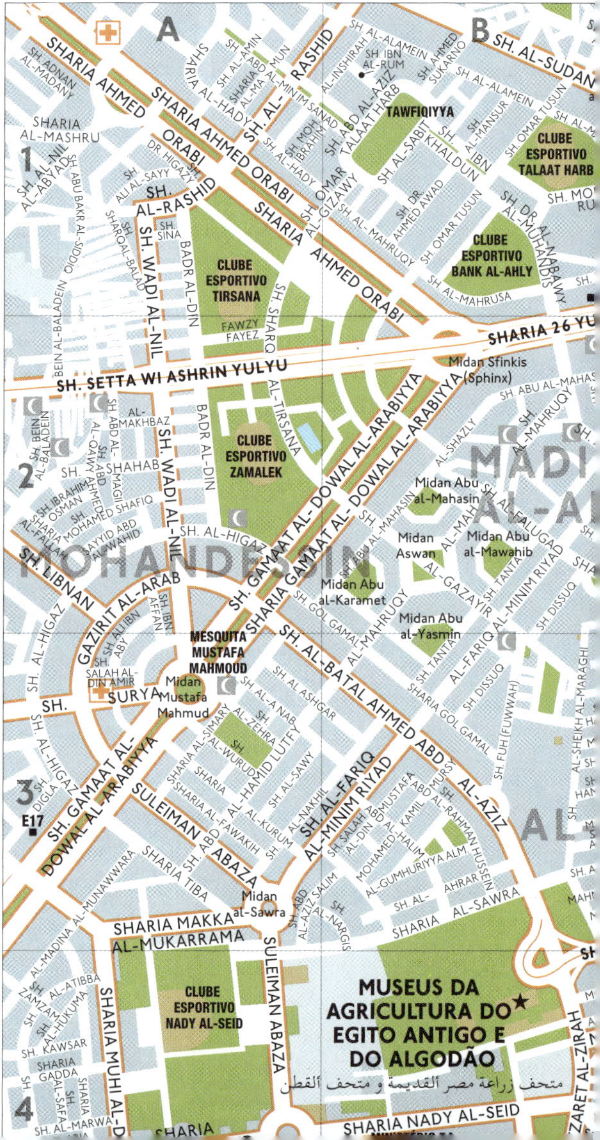

Ótimo para passear à noite, a Ponte Qasr al-Nil liga o Centro à “Ilha” (Gezira = ilha), estreita faixa de terra no meio do Nilo. Em sua parte sul, a Torre do Cairo é rodeada de museus de arte, pela Ópera e por clubes chiques, espalhados entre jardins. Ao norte, cortado pela rua 26 Yulyu, o bairro cosmopolita Zamalek, criado entre as duas guerras mundiais, alinha mansões, embaixadas, restaurantes exóticos e galerias frequentadas por expatriados. Na margem oposta, a oeste, Mohandessin (a “Cidade dos Engenheiros”) e Doqqi, bairro residencial e comercial cairota, refletem a onda de urbanização dos anos 1960.

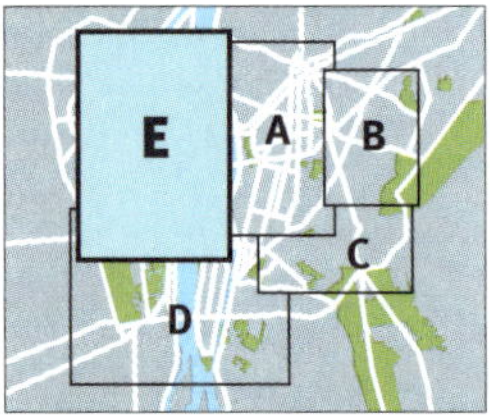

YEMEN RESTAURANT

ABU AL-SID

RESTAURANTES

Tout Express ■ E1 (**E** C4)
→ *1 midan al-Saad al-Ali (ou midan Viny) Tel 3335 0915 Diariam 8h-3h*
Lanchonete de clima agradável, que se tornou uma instituição no bairro por seus *shawarmas* macios e pelos deliciosos sucos de frutas (prove o de pêssego). À la carte 7,50-35LE.

Yemen Restaurant ■ E2 (**E** B5)
→ *10 sharia Iran Tel 3338 8087 Diariam 24h*
Carnes refogadas (*fahsa*, com cordeiro; *mandi*, com frango) servidas com pão árabe quente e arroz perfumado: esta cantina iemenita tradicional difere das especialidades locais. Comida farta e barata! À la carte 10-40LE.

Chez Martine ■ E3 (**E** C1)
→ *1 sharia al-Gazira al-Wosta Tel 2738 2432 Seg-sáb 12h-24h*
No primeiro andar de um pequeno shopping, uma sala de convivência decorada por Martine. Na cozinha, ela resgata os sabores regionais da França e serve uma comida saborosamente caseira. Saladas, quiches e comida camponesa (coelho ao molho de mostarda, vitela ao creme). À la carte 16-56LE.

L’Aubergine ■ E4 (**E** D2)
→ *5 sharia al-Sayyed al-Bakry Tel 2738 0080 Diariam 10h-2h*
O nome deste restaurante da moda (“berinjela” em francês) está ilustrado nas paredes, e o cardápio delicia os amantes da comida vegetariana. Pequenos grupos de música clássica ter e qua à noite. Pub bem frequentado no primeiro andar. À la carte 18-72LE.

Maison Thomas ■ E5 (**E** D2)
→ *157 sharia 26 Yulyu Tel 2735 7057 Diariam 24h*
Desde 1922, um lugar para os amantes da pizza. Minúsculas mesas em um ambiente que mistura madeiras, espelhos e antigas fotos. Há também uma atraente mercearia: frios, carnes secas e queijos europeus. Pizza 25-43LE.

Five Bells ■ E6 (**E** C1)
→ *9 sharia al-Adel Abou Bakr Tel 2735 8980 Diariam 12h30-1h*
Numa sala com aspecto de pub ou jardim em volta de um chafariz barroco pode-se saborear com

BICA CAFÉ

LA BODEGA

ISIS

calma ótima comida com sabores do Mediterrâneo. Bebidas alcoólicas. À la carte 25-65LE.

Abu al-Sid ■ E7 (**E** D2)
→ *157 sharia 26 Yulyu (entrada pela ruela perpendicular: Ishaq Yacub) Tel 2735 9640 Diariam 12h-1h30*
Atrás de uma magnífica porta de madeira trabalhada, um ambiente de conto oriental em versão moderna: mesas de cobre, *moucharabieh* e cartazes comerciais dos anos 1950. E no aconchego de macias poltronas Louis Farouk a alta sociedade cairota saboreia *mezzes*, almôndegas em *molokhiya* ou pombos recheados. É preciso reservar. À la carte 25-70LE.

CAFÉS, BARES

Arabica Café ■ E8 (**E** D1)
→ *20 sharia Mohamed al-Maraashly (na esquina da sharia Ahmed Hishmat) Tel 2735 7982 Diariam 10h-2h*
Após as aulas, os jovens cairotas vêm aqui para tomar sucos originais de frutas frescas (morango com toque de balsâmico) e desenhar nas toalhas deste descolado café: as melhores obras estão expostas nas paredes.

La Bodega ■ E9 (**E** D2)
→ *157 sharia 26 Yulyu Tel 2735 6761*
Bar *Diariam 12h-1h*
Lounge *Diariam 18h-1h*
No primeiro andar das Baehler's Mansions, duas opções: à esquerda, um bistrô de ambiente retrô; à direita, um moderno espaço lounge. Comida clássica ou *fusion*.

Cairo Jazz Club ■ E10 (**E** B1)
→ *197 sharia 26 Yulyu Tel 3345 9939 Diariam 17h-3h www.cairojazzclub.com*
Na margem ocidental do Nilo, um lugar imperdível das "noites em claro" do Cairo. DJs e grupos se alternam toda noite: jazz, rock e fusão oriental experimental.

CENTROS CULTURAIS

Al-Hanager Art Centre ■ E11 (**E** D4)
→ *Gezira Exhibition Ground (na sharia Mahmud Mukhtar) Tel 2735 6861*
Exposições *Diariam 10h-22h* ***Espetáculos*** *Diariam 18h, 20h30*
No jardim da Ópera, armazéns dedicados às artes cênicas: teatro, música, dança. Consulte a programação no local.

Al-Sawy Culture Wheel ■ E12 (**E** C2)
→ *1 sharia 26 Yulyu (embaixo da Ponte Zamalek) Tel 2736 8881 www.culturewheel.com*
Todo dia, essa "roda da cultura" gira conforme os concertos, conferências, noites de poesia, exposições etc.

COMPRAS

Loft Gallery ■ E13 (**E** D2)
→ *12 sharia al-Sayyed al-Bakry Tel 2736 6931 Seg-sáb 10h-22h*
Paraíso para esmiuçar, este apartamento no primeiro andar de um charmoso prédio dos anos 1930 oferece móveis, luminárias, mesas e tesouros artesanais.

Egypt Crafts Centre ■ E14 (**E** D2)
→ *27 sharia Yehia Ibrahim (apartamento 8) Tel 2736 5123 Sáb-qui 9h-20h; sex 10h-18h*
Artesanato do Egito (tecelagem, cestaria, marroquinaria) no showroom desta ONG que atua em prol do comércio sustentável.

Isis ■ E15 (**E** C2)
→ *8 sharia Ahmed Sabry Tel 2738 2724 Diariam 8h-22h*
Legumes, tamarindos, homus, mel, hena, sabonetes, óleos essenciais ou roupas. Tudo orgânico, natural e ecológico.

Zafir ■ E16 (**E** C1)
→ *15b sharia Taha Hussein Tel 010 976 3602 Seg-sáb 11h-23h (abertura 14h sex)*
Uma loja para conhecer o universo Pop Art dos novos designers: camisetas de algodão egípcio para todas as idades, com estampas engraçadas e provérbios árabes ou ainda gíria cairota.

Al-Oruba ■ E17 (**E** A3)
→ *41 sharia Gamaat al-Dowal al-Arabiyya Tel 3336 4378 Diariam 8h-2h*
Os imensos vasilhames de Al-Oruba transbordam de pistaches, sementes de girassol, bombons, chocolates etc.

Bashayer ■ E18 (**E** A5)
→ *58 sharia Mossaddak Tel 3336 1006 Diariam 10h-22h*
Para quem procura suvenires de qualidade: tapetes, cerâmicas, porta-retratos, móveis.

Nagada ■ E19 (**E** C5)
→ *13 sharia Rifaa Tel 3748 6663 Diariam 10h-18h30*
Tecidos do Egito, cerâmicas de Fayum, roupas coloridas de tecido natural (linho, seda) inspiradas nas tradições orientais. Barato e original.

TORRE DO CAIRO

MUSEU DAS CERÂMICAS ISLÂMICAS

▼ Mapa A

MUSEU MOHAMED MAHMOUD KHALIL

MUSEUS DA AGRICULTURA DO EGITO ANTIGO E DO ALGODÃO

torre de 187 m de altu-
i projetada pelo liba-
Naum Chebib (1961)
encomenda de Nasser.
opo (encimado por
flor de lótus), uma
aforma de observação
restaurante rotativo
ecem bela vista pano-
ca que em dias de
ermite ver as
nides de Gizé!

useu das Cerâmicas
micas Mathaf al-
af al-Islami (E D2)
aria Saray al-Gezira
737 3298 Sáb-qui
3h30, 17h-21h
ura dos estilos
luz, otomano e
oquino, o palácio (séc. 19) do príncipe Amr Ibrahim é o lugar perfeito para apresentar joias de cerâmica. Esplêndidas coleções de peças dos sécs. 13 ao 20. No jardim, exposições de escultura contemporânea.

★ Aquário Grotto Garden
Genenet al-Asmak (E C2)
→ *Sharia Umm Kalthum (sharia al-Gabaleyya)*
Diariam 8h30-16h
Atípico passeio pelo jardim botânico do quediva (1867). Mesmo com poucos peixes nos aquários, instalados desde 1902 nestas grutas de basalto cinza, elas ainda são um local de diversão para as crianças. Também os casais de namorados apreciam seus recantos para um passeio romântico.

★ Museu Mohamed Mahmoud Khalil
Mathaf Mohamed Mahmud Khalil (E C5)
→ *1 sharia Kafur Tel 3336 8960 Ter-dom 10h-18h*
A arte europeia do séc. 19 e seus mestres são o destaque desta bela mansão (1920) do casal Mahmoud Khalil, amante das artes. Cordier ou Rodin na escultura; Pissarro, Degas, Monet, Renoir, Gauguin e Van Gogh na pintura.

★ Museus da Agricultura do Egito Antigo e do Algodão
Mathaf Zeraat Masr al-Qadeema wa mathaf al-Qoton (E B4)
→ *Sharia Wezaret al-Zirah*
Tel 3337 2933
Ter-dom 9h-14h
No jardim do Ministério da Agricultura, estes dois charmosos museus (1938) parecem ter parado no tempo! Todos os aspectos da história da agricultura desde o Egito Antigo e do plantio do algodão, introduzido no país em 1821, são detalhadamente contados. Dioramas, ferramentas etc.

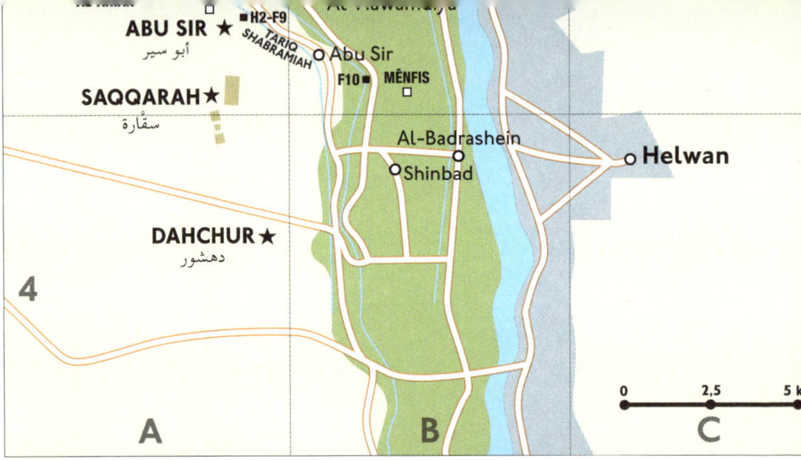

MUSEU DA BARCA SOLAR

ESFINGE

★ Heliópolis
Masr al-Gadida (F C2)
De 1906 a 1911, o barão belga Édouard Empain construiu esta "Cidade do Sol" no deserto, mistura harmoniosa de prédios com arcos, casas inglesas, mansões mouriscas, estilo renascentista, veneziano, Art Déco. Este "novo Cairo", cidade ideal e oásis aprazível, tornou-se um subúrbio da classe média alta ligado ao centro da cidade por um bonde. Não perca: a "Mansão Hindu" do barão, a basílica neobizantina e o Heliopolis Palace Hotel, hoje palácio da Presidência.

★ Túmulo do Soldado Desconhecido **Al-Nosob al-Tezkary Lil-Gundy al-Maghul (F D4)**
→ *Sharia al-Nasr, Nasr City*
Quatro pilares de concreto formam esta monumental pirâmide aberta aos quatro ventos! Ela abriga o Túmulo do Soldado Desconhecido da Guerra de Outubro de 1973 e o do presidente Sadat, que descansa perto da arquibancada onde foi assassinado em 1981.

★ Panorama da Guerra de Outubro de 1973
Panorama harb uktubar (F D4)
→ *Sharia al-Uruba, Nasr City Tel 2402 2317 Qua-seg 9h30, 11h, 12h30, 18h, 19h30*
No coração de um jardim repleto de peças de artilharia e esculturas heroicas, uma homenagem às Forças Armadas egípcias da Guerra de Outubro de 1973 (também chamada Guerra do Ramadã).

★ Museu Nagy Al-Khadem **Mathaf Nagy Al-Khadem (F D2)**
→ *12 sharia al-Karim, Saray al-Qobba, Zaytun Tel 2258 3703 Ter-dom 10h-17h*
Longe dos pontos turísticos, um museu consagrado a um casal de artistas modernos e progressistas: Effat Nagy (1905-1994), escultora e pintora fascinada por lendas e magia, e seu marido Saad al-Khadem (1913-1987), cujas telas se inspiram no folclore e na cultura egípci

★ Pirâmides de Gizé
Al-Ahram al-Giza (F A3)
→ *Diariam 8h-17h (18h ve*
"Do alto destas pirâmid 40 séculos nos contemplam", teria dito Naleão Bonaparte diante destas três Pirâmides, símbolo e apoteose da grandeza da civilização egípcia. Em perfeito alinhamento: a pirâmid (137 m) do faraó Quéop (2550-2527 a.C.), uma d Sete Maravilhas do Mur Antigo, a de seu filho

HELIÓPOLIS

TÚMULO DO SOLDADO DESCONHECIDO

PANORAMA DA GUERRA DE OUTUBRO DE 1973

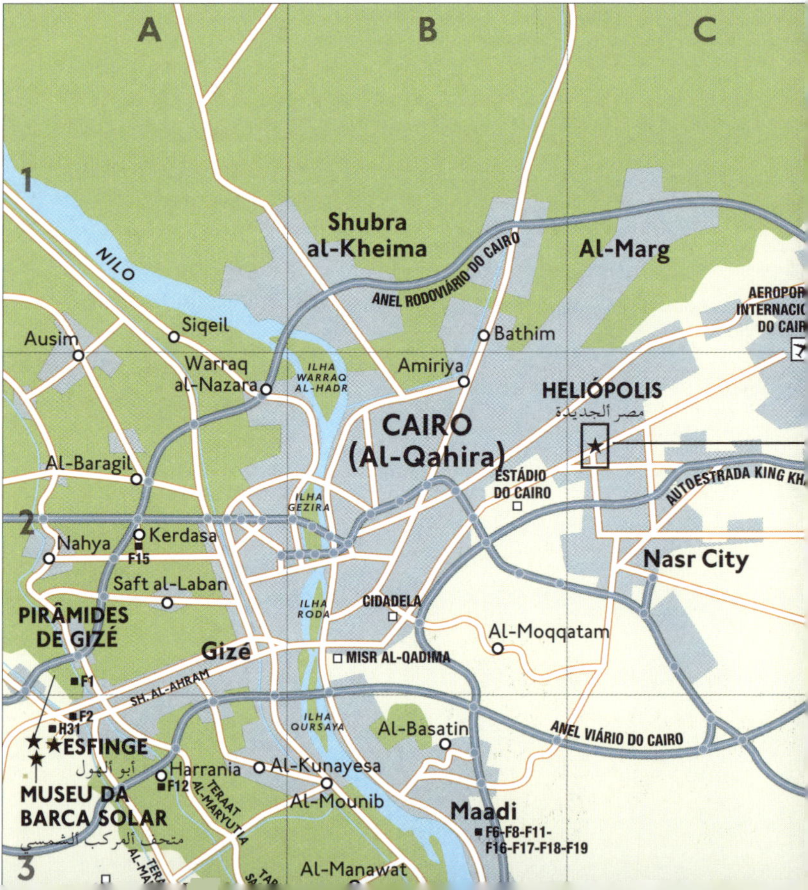

Testemunha de um alto crescimento demográfico desde os anos 1950, a capital egípcia ocupa pouco a pouco o deserto, até as míticas Pirâmides. Neste Grande Cairo popular, Heliópolis, cidade ideal do começo do séc. 20, e Maadi, lugar predileto dos expatriados, são subúrbios da classe alta. É necessário subir o Nilo e seus verdejantes palmeirais para sentir o sopro da história. Foi aqui, nos limites da cidade e à beira do deserto Líbio que Mênfis, capital do Antigo Império (do qual não resta quase nada), edificou suas fabulosas necrópoles reais ao longo de 40 km: Gizé, Saqqarah, Dahchur...

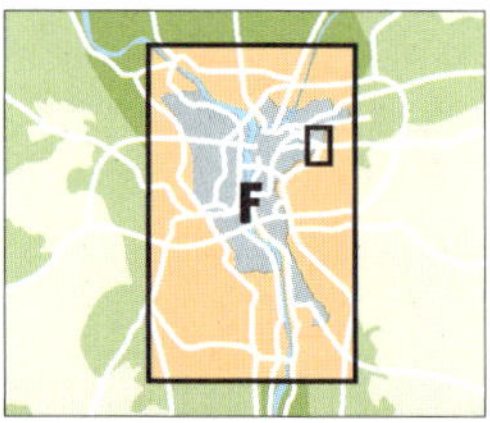

CHRISTO

PETIT PALMYRA

RESTAURANTES

(Em Gizé F A2)
Andrea ■ F1 (F A2)
→ *59 teraat al-Maryutia Tel 3383 1133 Diariam 12h-24h*
Servido no jardim – calmo oásis que as crianças elegem como pátio de recreio –, o frango assado no espeto do Andrea atrai grupos e famílias. Os *mezzes* são suculentos e a carne grelhada no carvão se come com os dedos! À noite, use um protetor contra os mosquitos.
À la carte 25-50LE.

Christo ■ F2 (F A3)
→ *10 sharia al-Haram Tel 3376 3582 Diariam 9h-2h*
Com vista para as grandes Pirâmides, este terraço na cobertura, à sombra de trepadeiras, serve refeições à base de peixe.
Menus 50LE, 60LE, 70LE.

(Em Heliópolis F C2)
Al-Tekkia ■ F3 (F F2)
→ *105 sharia al-Hegaz Tel 2644 4157 Diariam 13h-2h*
Modesta cantina de *habitués*: pratos bem elaborados (*fattah* ou costeletas tenras) e bons preços.
À la carte 22-53LE.

L'Amphitrion ■ F4 (F E3)
→ *18 sharia Ibrahim al-Laqqani Tel 2258 1379 Diariam 8h-1h*
Uma instituição tão antiga quanto o bairro, em um ambiente belle époque. Prove o filé de vitela com legumes salteados ou o *chich tauk*.
À la carte 23-37LE.

Petit Palmyra ■ F5 (F E3)
→ *27 sharia al-Ahram Tel 2417 1720 Diariam 13h-1h*
Paredes revestidas de madeira e fotos de Heliópolis em preto e branco, mesas brancas, flores frescas e recitais de piano: a decoração e o ambiente não mudam desde 1949. Especialidades locais (*koftas*, *kebabs*...) e europeias (*vol-au-vent*). Serviço eficaz e amável.
À la carte 37-95LE.

(Em Maadi F B3)
Villa 55 ■ F6 (F B3)
→ *55 road 9 Tel 2358 3186 Diariam 24h*
Em Maadi, cinco restaurantes em uma mansão para suprir todas as vontades. Muito procurados: o jardim para um lanche leve, o terraço para um jantar íntimo com sabores europeus. Tudo se encerra com um drinque no Pub 55. À la carte 27-83LE.

CAFÉS, BARES

(Em Heliópolis F C2)
Très Bon ■ F7 (F E2)
→ *14 sharia Gharnata Tel 2454 0116 Diariam 9h-2h*

.A'S OASIS ARABIAN

WISSA WASSEF ART CENTER

MARKAZ

Frequentado por jovens de classe alta, este terraço é ideal para tomar um drinque, beliscar algo ou fumar uma *shisha* entre amigos nos dias quentes.

(Em Maadi F B3**)**

Dunes Lounge ■ F8 (F B3)

➔ *8 road 214*
Tel 2521 4151 Diariam 9h-1h

Neste moderno bar para *shisha*, que oferece refeições rápidas em estilo marroquino com chá de hortelã, dois ambientes possíveis: uma escura sala íntima ou pequenos "quiosques" de madeira cheios de almofadas macias.

Lazer

(Em Abu Sir F A3**)**

Laila's Oasis Arabian ■ F9 (F A3)

➔ *Tariq Shabramiah, perto do sítio de Abu Sir*
Tel 012 358 7724
http://lailaoasis.webs.com

Não há melhor ocasião para cavalgar um puro-sangue árabe ou experimentar uma corrida a cavalo no deserto com vista para os templos de Abu Sir. Cavalos para todos os níveis.

(Em Saqqarah F A3**)**

Fagnoon ■ F10 (F B3)

➔ *Tariq Saqqara, Sabil Om Hashem Tel 3815 1633*
Diariam 9h-18h

Um lugar verdejante, propício ao lazer e às descobertas: balanços, cabanas e ateliês onde as crianças aprendem a criar joias e cerâmicas ou a desenhar.

(Em Maadi F B3**)**

Art Café ■ F11 (F B3)

➔ *62 road 13 Tel 012 705 0753 Sáb-qui 10h-19h*

Este café diferente permite que cada um se expresse por meio da arte. Em poucas horas, você realiza uma obra pessoal (pintura, cerâmica, talagarça...) para levar para casa. Exposições mensais.

Artesanato

(Em Harrania F A3**)**

Wissa Wassef Art Center ■ F12 (F A3)

➔ *Tariq Saqqara*
Tel 3381 5746 Diariam 10h-17h ***Ateliês*** *sáb-qua 10h-12h, 14h-17h ; qui 10h-12h*

Em 1952, o arquiteto Wissa Wassef fundou um centro de aprendizagem das técnicas da tapeçaria, cerâmica e do batique. Até hoje, os ateliês desta escola, com paredes de barro, já receberam três gerações de artistas. Nas salas de exposição (e venda): painéis com desenhos simples e cerâmicas delicadas.

Compras

(Em Heliópolis F C2**)**

Mandarine ■ F13 (F E3)

➔ *5 sharia Bagdad Tel 2418 6555 Diariam 9h-24h*

Os sorvetes ou os doces com mel (*basbussa, baklava, konafa*...) da casa Mandarine atraem fregueses de toda a cidade!

Azza Fahmy ■ F14 (F E3)

➔ *25 sharia Hassan Sader*
Tel 2419 8058
Diariam 10h-22h

As joias inspiradas na estética árabe desta famosa designer são finas e originais. Ouro, prata e pedras preciosas rimam com arte, cultura e beleza!

Kerdasa ■ F15 (F A2)

Para quem procura uma *galabiyya*, um véu, tapete ou tecido beduíno. Kerdasa, vilarejo a oeste do Cairo, vive ao ritmo das profissões têxteis. Lojas na rua al-Seyahi e nas ruelas ao redor.

(Em Maadi F B3**)**

Morgana ■ F16 (F B3)

➔ *57 road 9*
Tel 2380 2370
Diariam 10h-22h

O tempo parece ter parado nos salões desta mansão do começo do séc. 20: móveis e utensílios restaurados, fotos em preto e branco, luminárias e antiguidades atualizadas conforme o gosto atual. Para quem gosta de esmiuçar.

Willow Tree ■ F17 (F B3)

➔ *231 road 23*
Tel 2519 8405
Sáb-qui 10h-20h

Especializada em objetos de metal martelado, Willow Tree propõe criações originais (abajures, jogos americanos...) inspiradas nas tradições locais.

Markaz ■ F18 (F B3)

➔ *1b road 199, entrada pela road 233 Tel 2754 7026*
Diariam 10h-19h (fecha 13h sex)

Esta loja colorida vende unicamente o artesanato egípcio oriundo do comércio ético e sustentável: tecidos, roupa de cama, mesa e banho e joias.

Razzmatazz ■ F19 (F B3)

➔ *2 sharia Mostafa Kamel*
Tel 2380 3744
Diariam 10h-20h

Em dois andares, magníficos móveis e objetos de decoração interior. Nadia Sabry se inspira na herança cultural árabe em suas criações, radicalmente modernas.

EU NAGY AL-KHADEM

PIRÂMIDES DE GIZÉ

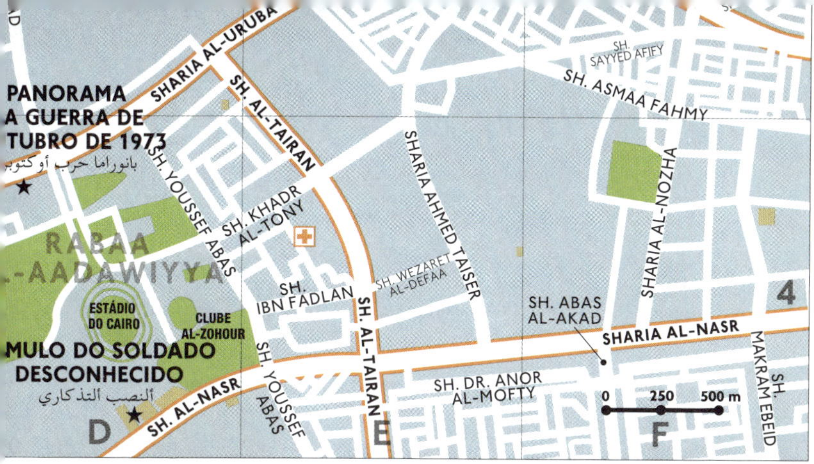

SIR

SAQQARAH

DAHCHUR

fren (2520-2494 a.C.), vel por sua "coifa" de ário (136 m), e a de seu Miquerinos (2490-3 a.C.), mais modesta n). Visite as labirínticas aras mortuárias das s primeiras. Espalha-por este riquíssimo : mastabas, templos, nides das rainhas etc.

useu da Barca Solar naf al-Markab al-msy (**F** A3)
omplexo das Pirâmides izé Diariam 9h-16h verão)
espetacular barca de o (43 m), inteiramente nstituída a partir das 4 peças descobertas ao pé da Pirâmide de Quéops. Com a ajuda de seis remos, permitiria ao faraó defunto fazer sua última viagem simbólica ao além.

★ **Esfinge** Abu al-Hol (**F** A3)
→ *Complexo das Pirâmides*
Esculpida em um promontório rochoso, com 20 m de altura e 72 m de comprimento, a lendária silhueta de leão com cabeça humana olhando para o Sol nascente, impassível guardiã das Pirâmides de Gizé!

★ **Abu Sir** Abu Sir (**F** A3)
→ *Ao longo do canal Maryutia em direção a Saqqarah*
Prolongamento de Saqqarah durante a 5ª dinastia (2450-2290 a.C.). Passeio mágico em pleno deserto, entre pirâmides danificadas, templos solares, mastabas (túmulos achatados), colunas papiriformes e estelas esculpidas com hieróglifos.

★ **Saqqarah** (**F** A3)
→ *Diariam 8h-16h (17h no verão)*
A maior necrópole real se estende por 7 km em um incrível rosário de pirâmides, desde a 1ª dinastia até a última (a de Ptolomeu), ou seja, mais de 3 mil anos! Entre seus tesouros: a pirâmide de degraus Djoser (a primeira concebida por Imhotep) e as mastabas de Ti e de Mereruka (5ª dinastia). No magnífico Museu Imhotep: estátuas, estelas e objetos ali descobertos.

★ **Dahchur** Dahshur (**F** A4)
→ *Diariam 7h30-16h*
Menos visitado, o sítio de necrópoles da 4ª e da 12ª dinastias, famoso pelas "tentativas" encomendadas por Snefru (pai de Quéops) cerca de 2600 a.C.: a Pirâmide Vermelha (105 m), cuja câmara funerária alta pode ser visitada, e a Pirâmide Romboidal, uma das raras que conservaram seu revestimento liso. Pouco adiante, os túmulos de tijolos dos reis da 12ª dinastia.

ESTAÇÕES

Trem

Estação Ramsés (A D1)
→ *Midan Ramsis*
Tel 2575 3555
www.egyptrail.gov.eg
Serve todo o país, de maneira mais ou menos eficaz conforme os destinos! Baldeação para Alexandria e vagão-leito para Lúxor e Assuã.

Ônibus

Turgoman Garage (A C2)
→ *Sharia Shanan*
Linhas nacionais e internacionais. Compra das passagens somente nos guichês (compare os preços), se possível com antecedência.

ESTAÇÃO RAMSÉS

TRANSPORTES PÚBLICOS

Metrô
→ *Diariam 6h-23h30*
A cada 5 min aprox.
Bilhete 1LE
Duas linhas, fáceis de utilizar e bem cuidadas: a Vermelha, de Helwan, ao sul, a Al-Marg, a nordeste; a Verde, de Gizé a Shubra. Baldeação nas estações Mubarak (**A** D2) e Sadat (Midan al-Tahrir) (**A** B4). Uma 3ª linha (Amarela) ligará o aeroporto a Imbaba e Mohandessin, a oeste.

Ônibus e miniônibus
→ *Diariam 5h30-24h30*
Bilhete 25pt-2LE conforme o trajeto
Sinalizados apenas em árabe, são lentos, lotados e mal param nos pontos. Mas são interessantes para ver o espetáculo das ruas pelas janelas.

Estação principal Abdel Moneim Riad (A B3)
→ *Embaixo da Ponte Uktubar (atrás do Museu Egípcio)*
O nº 357 vai para as Pirâmides, o 987 para al-Badrashein (Saqqarah), o 154 para a Cidade dos Mortos sul (Imam al-Shafey), o 102 e o 160 para Ibn-Tulun, o 951 e o 105 para a Cidadela.

Bonde
→ *Ponto final no sudeste da Estação Ramsés, no fim da passarela diante do Museu das Ferrovias* (**A** D1) *Bilhete 50pt*
Linha sobrevivente da rede do começo do séc. 20. Um meio típico de alcançar Heliópolis (30-40 min) passando pelos bairros ao norte do Cairo.

lareiras embelezam os 21 quartos do Luna. Salão beduíno para descansar. De 100LE (banheiro coletivo) a 150LE.

Sara Inn Hostel ■ H10 (A C4)
→ *21 sharia Yusif al-Gindy Tel 2392 2940*
www.sarainnhostel.com
Hotel em rua calma (algo raro!) do Centro. São 11 quartos bem simples, espalhados em dois andares. Atendimento jovem e dinâmico. Dormitório 40LE/ pessoa. Quartos de 100LE (banheiro coletivo) a 160LE.

Sun Hotel ■ H11 (A B4)
→ *2 sharia Talaat Harb, 9º andar Tel 2579 7977*
sunhotel@hotmail.com
Perto do Museu Egípcio, com vista para a praça al-Tahrir, 30 quartos desiguais, mas bem cuidados. Ramy é um hospedeiro atento, sempre com ótimas dicas. Dormitório 30LE/pessoa. Quartos de 100LE (sem A/C, banheiro coletivo) a 180LE.

Pension Roma ■ H12 (A C3)
→ *169 sharia Mohamed Farid, 4º andar Tel 2391 1088*
www.pensionroma.com.eg
Ambiente retrô nesta pensão popular junto aos viajantes. 32 quartos bem iluminados, sem A/C, com banheiros (limpos) no andar. De 105LE (banheiro coletivo) a 135LE.

120-250LE

Brothers Hostel ■ H13 (A C3)
→ *34 sharia Talaat Harb, 4º andar Tel 2579 6946*
www.hostelbrothers.com
Instalado no edifício Yacoubian (cenário do filme de mesmo nome), este hotel de 10 quartos, embora simples, tem ambiente descontraído. De 120LE (banheiro coletivo) a 150LE.

Hotel Juliana ■ H14 (A B5)
→ *8 sharia Ibrahim Basha Nagib Tel 2792 2039*
www.juliana-hotel.com
No coração de Garden City, 8 quartos aconchegantes bem equipados (varanda, Wi-Fi, TV a cabo...) para desfrutar uma tranquilidade rara no Cairo. De 120LE (banheiro coletivo) a 170LE.

Lotus Hotel ■ H15 (A B4)
→ *12 sharia Talaat Harb*
Tel 2579 7977
www.lotushotel.com
Gerenciado por uma família que dirige também o Windsor Hotel, este pequeno hotel dos anos 1950 herdou um charme autêntico. Os 50 quartos, bem simples, mereceriam ser reformados. De 125LE (banheiro coletivo) a 155LE.

Mayfair Hotel ■ H16 (E C2)
→ *9 sharia al-Aziz Osman*
Tel 2735 7315
www.mayfaircairo.com

Aeroporto

Aeroporto Internacional do Cairo
→ *Tel 2265 3308*
www.cairo-airport.com
Três terminais 22 km a nordeste do centro.

Conexões com o centro

Ônibus
→ *Ônibus nº 356 Diariam 6h-23h A cada 40 min 2LE + 1LE/bagagem*
→ *Ônibus nº 400 e micro-ônibus nº 27 Diariam 24h 0,50LE* Em direção à praça Abdel Moneim Riad (**A** B3).

Shuttle Bus
→ *Diariam 7h-22h A cada 30 min 35LE*

Táxi
→ *20 min a 1h 65LE*

ACESSO AO AEROPORTO

Salvo indicação contrária, os preços correspondem a um quarto de casal padrão com banheiro, ar-condicionado (A/C) e café da manhã. Às vezes, os hotéis de alto padrão indicam os preços em euros. Os quartos com vista para a rua oferecem uma animação permanente; então, quem quiser ter sossego deve escolher aqueles situados no fundo. De qualquer modo, é aconselhável visitar o lugar e negociar o preço.

Quartos de hóspedes

Chez Martine ■ H1 (E C1)
→ *17 sharia Ismail Mohamed Tel 018 245 0975 http://mvy.jimdo.com*
A vista para Zamalek e as Pirâmides de Gizé (nos dias de sol) que se tem do apartamento de Martine, no 20º andar, é imperdível! Os três quartos, com cores vivas, têm um clima de bom convívio. 240LE.

Laila's Oasis ■ H2 (F A3)
→ *Tariq Shabramiah, a 1 km do sítio de Abu Sir Tel 012 358 7724*
Na entrada do deserto, longe do barulho da cidade, Claude concebeu um oásis para seus hóspedes. Após um passeio a cavalo e um luau ao lado de um churrasco tradicional, nada melhor que dormir em tendas (50LE/pessoa) ou em chalés. 250LE.

Menos de 120LE

Dahab ■ H3 (A B4)
→ *26 sharia Mahmud Basyuni, 7º andar Tel 2579 9104 www.dahabhostel.com*
Sobre os telhados que dominam a antiga moradia de Champollion (abandonada), pequenas barracas acolhem viajantes de todos os horizontes. 39 quartos.

Select Hotel ■ H4 (A C3)
→ *19a sharia Adly, 8º andar Tel 2393 3707 http://selecthotel.unblog.fr*
Recebidas de todos os cantos do mundo, cartas de agradecimento cobrem as paredes deste pequeno hotel de Ehad. Alguns dos 18 modestos quartos têm vista para o Cairo islâmico. De 80LE a 120LE.

Each Way Hotel ■ H5 (A C3)
→ *44 sharia Talaat Harb, 5º andar Tel 012 284 4677 www.eachwayhostel.com*
Bom atendimento, preços baixos e quartos decentes compensam o barulho da rua 26 Yulyu. 90LE.

Al-Hussein Hotel ■ H6 (B C4)
→ *Midan al-Hussein Tel 2591 8479*
Varandas com vista para a rua sempre animada. 56 quartos meio decadentes; protetores de ouvido indispensáveis para quem tem sono leve. De 90LE (sem A/C, banheiro coletivo) a 165LE.

African House Hostel ■ H7 (A C2)
→ *15 sharia Emad al-Din Tel 2591 1744 www.africanhousehostel.co*
Sob a proteção das estátuas e imagens de faraós que enfeitam as prateleiras, os 14 quartos, 6 do quais com banheiro, são equipados com ventilado em um lindo prédio do séc. 19. De 95LE (banheir coletivo) a 115LE.

Let Me Inn ■ H8 (A C3)
→ *19b sharia Adly, 6º andar Tel 2396 0681 letme_inn@yahoo.com*
São 11 quartos sem banheiro nem A/C, mas com Wi-Fi. Boa relação custo-benefício. 100LE.

Hotel Luna ■ H9 (A C3)
→ *27 sharia Talaat Harb, 5º andar Tel 2396 1020 www.hotellunacairo.com*
Assoalho encerado e

ALEXANDRIA
CAIRO GIZÉ
MASTABAS DA IV E DA V DINASTIA
PIRÂMIDES DAS RAINHAS E DAS PRINCESAS
QUÉOPS
NOVO MUSEU EGÍPCIO (EM CONSTRUÇÃO)
MUSEU DA BARCA SOLAR
QUÉFREN
SAQQARAH
PONTO DE VISTA
ESFINGE
MIQUERINOS
PIRÂMIDES DAS RAINHAS
CEMITÉRIO
0 200 m
Warraq al-Nazara
ILHA WARRAQ AL-HADR
CAIRO (Al-Qahira)
ILHA GEZIRA
ILHA RODA
CIDADELA
Saft al-Laban
Ghatati
MISR AL-QADIMA
Gizé
Kom Bakkar
Al Kom al-Akhdar
ILHA QURSAYA
Al-Basatin
Al-Kunayesa
Al-Mounib
Pirâmides de Gizé e Esfinge
Maadi
PIRÂMIDES ZEWYAT AL-ARIAN
Al-Manawat
NILO
Al-Hawamdiya
TEMPLO SOLAR DE USERKAF
PIRÂMIDES DE ABU SIR
Abu Sir
MÊNFIS
Pirâmides de Saqqarah
Shinbad
PIRÂMIDES DE DAHCHUR
SERAPEUM, MASTABA DE TI
MASTABA DE MERERUKA
PIRÂMIDE DE TETI
COMPLEXO DE DJOSER
PIRÂMIDE DE USERKAF
MASTABA DE AKHTI-HOTEP E PTAH-HOTEP
PIRÂMIDE DE DEGRAUS DE DJOSER
MASTABA DE NEBET
MUSEU IMHOTEP
MASTABA DE KHNUM-HOTEP E NIANKH-KHNUM
PIRÂMIDE DE UNAS
MASTABA DE MEHU
BILHETERIA E CAFÉ
MASTABA DE NEFER
TÚMULOS PERSAS
MOSTEIRO DE SÃO JEREMIAS
PIRÂMIDE DE SEKHEMKHET
TÚMULO DE HOREMHEB
TÚMULO DE MAYA
SUL DE SAQQARAH DAHCHUR
0 250 m

1
New al-Marg
Al-Marg
Ezbet al-Nakhl
Ain Shams
Al-Matareyya
Helmiet al-Zaitoun
Hadayeq al-Zaitoun
Saray al-Qobba
Hammamat al-Qobba
Kobri al-Qobba
Manshiet al-Sadr
Al-Demerdash
Ghamra
Mubarak (Cairo Station)
Orabi
Nasser
Sadat
(Midan al-Tahrir)
Saad Zaghlul
Sayyeda Zeinab
Al-Malek al-Saleh
Mar Girgis
Al-Zahraa
Dar al-Salam
Hadayeq al-Maadi
Maadi
Sakanat al-Maadi
Tora al-Balad
Kozzika
Tora al-Asmant
Al-Maasara
Hadayeq Helwan
Wadi Hof
Helwan University
Ain Helwan
Helwan
1
2
Shubra al-Kheima
Koliet al-Zeraa
Mezallat
Khalafawy
Sainte Teresa
Rod al-Farag
Massara
Attaba
Mohamed Naguib
Gezira
(Opera)
Al-Behoos
Doqqi
Cairo University
Faisal
Giza Railway
Omm al-Misryeen
Giza Suburbs
Sakiat Mekki
Al-Monib
2
3
Imbaba
Sudan
Kit Kat
Zamalek
Mohandessin
3
Bulaq
Emad-
Eldin
3
Bab al-Shareya
Al-Geish
Abdo Pasha
Abbasiya
Cairo Fairgrounds
Cairo Stadium
Kolleyet
al-Banat
Al-Ahram
Airport
3
Linhas de metrô
Linha 1
Linha 2
Linha 3
em construção

INALIZAÇÃO DO METRÔ

m antigo elevador leva os quartos deste char-ıoso hotel repleto de bjetos antigos. Quartos gradáveis, práticos e lim-os. Reservar com alguma ntecedência porque o ıgar é muito procurado graças também ao aten-imento). €56-64.

ACIMA DE 600LE

alisman ■ H27 (**A** C3)
➔ 39 sharia Talaat Harb, ° andar, entrada pela passa-em que liga as ruas Talaat arb e Sherif Tel 2393 9431 ww.talisman-hotel.com
ada um dos 26 quartos este charmoso hotel tem ma decoração original om detalhes caprichados: elicioso esconderijo no oração deste agitado airro. €81; suíte €122.

Golden Tulip Hotel
■ H28 (**E** C1)
➔ Sharia al-Gazira al-Wosta Tel 2592 2321 www.flamencohotels.com
Conhecido também pelo nome Flamenco, este estabelecimento 4 estrelas tem 182 quartos, dos mais simples às suítes. €86-93.

Baron Hotel ■ H29 (**F** E3)
➔ 9 sharia Mahad al-Sahara Tel 2291 5757 www.baronhotels.com
Perto do aeroporto, este hotel aposta na clientela de negócios: 126 confortáveis quartos, alguns com vista para a Mansão Hindu do barão Empain. De €115-122.

Cairo Marriott ■ H30 (**E** D2)
➔ 16 sharia Saray al-Gezira Tel 2728 3000 www.marriott.com
Perto de mil luxuosos quartos, organizados em volta do palácio encomendado pelo quediva para a imperatriz Eugênia, em 1869, para a inauguração do canal de Suez. A partir de €156.

Mena House Oberoi ■ H31 (**F** A3)
➔ Sharia al-Ahram Tel 3377 3222 www.oberoimenahouse.com
Neste antigo pavilhão de caça do quediva (1869), 523 quartos e suítes ricamente decorados, jardim perfumado, golfe e piscina (aberta aos não residentes). Opulência ao lado das Grandes Pirâmides. De €170-210.

Le Riad ■ H32 (**B** C3)
➔ 114 sharia al-Muizz li-Din Allah Tel 2787 6074 www.leriad-hoteldecharme.com
Este novo e charmoso hotel no coração do Cairo islâmico tem uma linda vista. São 17 quartos de requintada decoração oriental e muito bem equipados: telas LCD, leitores de DVD, computadores. E para momentos mágicos, um grande terraço na cobertura. De €240-300.

A PÉ

O melhor meio de descobrir a cidade e conhecer os habitantes. Calce bons sapatos porque as calçadas são malcuidadas e ficam engarrafadas. Para atravessar a rua, é melhor seguir outras pessoas e não mostrar hesitação!

TÁXIS

"Yellow Cab"
Táxis amarelos com ar-condicionado, taxímetro e terminal para cartão de crédito. Poucos na cidade, mas muitos no aeroporto, perto dos grandes hotéis e de atrações turísticas. É possível reservar (com algumas horas de antecedência).

Cairo Cab
➔ Tel 19730

City Cab
➔ Tel 16516

Táxi preto e branco
Em todo lugar a toda hora. Fácil de chamar, mas difícil de comunicar seu destino e, pior ainda, de tentar negociar o preço. Fazer várias tentativas ou caminhar por 100 m pode influenciar o resultado da negociação. Muito barato: calcule cerca de 5LE para uma corrida na cidade, de 10-15LE para o subúrbio próximo, de 30-50LE para as Pirâmides, Heliópolis ou o aeroporto, conforme o trânsito. Durante o percurso, é comum deixar embarcar mais passageiros que vão à mesma direção.

ÔNIBUS NA RUA AL-SALIBA

"YELLOW CAB"

TÁXI PRETO E BRANCO

METRÔ

MICRO-ÔNIBUS

→ *Diariam 24h*
50pt-1LE conforme o trajeto
Meio de transporte muito popular, econômico e mais difícil de utilizar para quem não fala árabe. Percorre a cidade conforme itinerários predefinidos e se pega em qualquer lugar.

BARCO-ÔNIBUS

→ *Diariam 7h-21h*
Bilhete 50pt
De hora em hora, entre o cais Maspéro (**A** A3) e a Ponte al-Gama (**D** D1), e três vezes ao dia (8h, 14h e 21h) até o Velho Cairo (em 50 min).

No 1º andar de um prédio Art Déco reformado, 36 quartos desiguais, mas bem cuidados. Ótimo terraço para relaxar à noite. Wi-Fi. De 150LE (sem A/C, banheiro coletivo) a 220LE.

Capsis Palace Hotel ■ H17 (**A** D1)
→ *117 sharia Ramsis Tel 2575 4219 capsis@egypthotels.net*
Próximo da estação, este hotel moderno e simples tem quartos confortáveis. Às vezes barulhento. 190LE.

Pension Zamalek ■ H18 (**E** C2)
→ *6 sikket Salah al-Din, 2ª entrada à esquerda Tel 2735 9318 pensionzamalek@msn.com*
Pensão familiar para apreciar plenamente a lendária hospitalidade egípcia! 15 quartos espaçosos e calmos espalhados em dois andares. Casais são bem-vindos somente se casados. 225LE.

250-600LE

Hôtel Osiris ■ H19 (**A** C5)
→ *49 sharia Nubar, 12º andar Tel 2794 5728 www.hotelosiris.over-blog.com*
Objetos de artesanato oriental, cores quentes, um terraço encantador ao anoitecer e 17 quartos para reservar. De 263-300LE.

Windsor Hotel ■ H20 (**A** D3)
→ *19 sharia Alfy Tel 2591 5277 www.windsorcairo.com*
Charme um tanto fora de moda neste elegante palácio de 1901, verdadeiro cenário de filme! Um antigo elevador leva aos dignos 55 quartos e suítes. No 1º andar, desde os anos 1920 o prestigioso salão Barrel Bar. €33-48.

Fontana Hotel ■ H21 (**A** D1)
→ *Sharia Seif al-Din al-Mahrani Tel 2592 2321*
Pouco capricho na decoração deste grande hotel de cem quartos com conforto bem espartano, mas serviço eficaz e pequena piscina no topo. 293LE.

New Garden Palace Hotel ■ H22 (**A** B6)
→ *11 sharia Modareat al-Tahrir Tel 2796 4020 www.newgardenpalace.com*
Este hotel 3 estrelas em uma calma ruela de Garden City tem 60 quartos confortáveis bem equipados (Wi-Fi, geladeira etc.). 350LE.

Victoria Hotel ■ H23 (**A** D3)
→ *66 sharia al-Gumhuriyya Tel 2589 2290 www.victoria.com.eg*
Construído no começo do séc. 20, o Victoria mantém o estilo de um palácio colonial britânico. Móveis de madeira, assoalhos encerados e reluzentes, pé-direito alto: os 92 quartos também são muito elegantes. €44.

Cosmopolitan Hotel ■ H24 (**A** C4)
→ *1 sharia Ben Taalab Tel 2393 6914*
As dourações estão um tanto desbotadas, a decoração do começo do séc. 20, o majestoso saguão e o elevador de madeira impressionam. Mas os cem quartos precisam de reforma e os arredores são bastante barulhentos. €51-59.

President Hotel ■ H25 (**E** C1)
→ *22 sharia Taha Hussein Tel 2735 0652 www.presidenthotelcairo.com*
A fachada banal deste hotel esconde 117 grandes quartos, entre os quais alguns com vista para o Nilo. Pub e restaurante, *Cairo Cellar*, no 11º andar. €54.

Hotel Longchamps ■ H26 (**E** C1)
→ *21 sharia Ismail Mohamed, 5º andar Tel 2393 6914 www.hotellongchamps.com*

Os nomes de ruas, monumentos e atrações estão classificados por ordem alfabética. As letras em negrito (**A**, **B**, **C**...) indicam o bairro e o mapa correspondente.

Ruas